조선 최초의 수렴청정

# 정희왕후

역사의 책갈피에 숨어 있는 여성들의 이야기,
**여성 인물 도서관**에서 꺼내 읽어 보세요.

● 일러두기
- 정희왕후는 윤씨라는 성 외에는 알려진 이름이 없어서 어린이들이 이해하기 쉽게 혼인하기 전에는 정희로 등장합니다.
- 정희왕후는 대비일 때 자성대비라고 불렸지만 어린이들이 이해하기 쉽게 정희왕후로 통일했습니다.
- 인수대비는 의경세자의 부인으로, 의경세자가 덕종으로 추존된 뒤에 인수대비라는 이름을 받았지만 어린이들이 이해하기 쉽게 인수대비로 통일했습니다.

조선 최초의 수렴청정

# 정희왕후

이규희 글 | 이로우 그림

| 차례 |

인물 소개     6
인물 관계도와 연표     8

## 광통교에서 만난 도령     10

## 진평대군과 혼인을 하다     18

## 정희, 왕비가 되다     28

## 악몽은 이어지고     39

## 갑작스러운 예종의 죽음     50

## 수렴청정을 시작하다     57

| 호패법을 없애다 | 64 |
| 뽕나무를 심어라 | 72 |
| 억울한 사람이 없게 하라 | 81 |
| 정순왕후와 경혜공주의 가족을 보살피다 | 90 |
| 수렴청정을 끝내다 | 97 |
| 온양행궁으로 떠나다 | 106 |

| 그때 그 사건 #계유정난 | 120 |
| 인물 키워드 #수렴청정 | 122 |
| 인물 그리고 현재 #봉선사 외 | 126 |

## 인물 소개

### 정희왕후(1418~1483)

열한 살에 혼인을 하고 왕실 사람이 된 정희. 하지만 큰아들과 든든한 버팀목이었던 남편 그리고 그 뒤를 이어 왕이 된 자식도 세상을 떠났다. 이제 조선의 백성과 왕실의 빈자리는 가장 웃어른인 정희왕후에게 달려 있는데…….

'왕실과 백성을 위해 내가 나서야 해!'

남다른 판단력으로 나라를 이끌 왕을 고르고, 어린 왕의 뒤에서 왕이 바로 설 수 있게 애썼던 정희왕후.

조선 최초로 수렴청정을 펼친 여성 정치가, 정희왕후의 삶을 들여다보자.

## 인물 관계도와 연표

```
       세종 ─── 소헌왕후
              │
    세조(수양대군) ─── 정희왕후
              │
  ┌───────────┼───────────┐
의경세자 ─ 인수대비   예종 ─ 인혜대비   의숙공주
     │                │
  ┌──┴──┐           제안군
 월산군  성종(자을산군)
```

| | |
|---|---|
| **1418년 11월** | 파평부원군 윤번과 흥녕부대부인 이씨 사이에서 태어남. |
| **1428년 10월** | 세종의 아들 진평대군(훗날 수양대군, 세조)과 혼인함. |
| **1453년 10월** | 계유정난이 일어남. |
| **1455년 윤6월** | 수양대군이 왕위에 올라 세조가 됨. |
| **1455년 7월** | 정식으로 왕비에 올라 정희왕후가 됨. |
| **1468년 9월** | 세조가 세상을 떠남. 둘째 아들이 왕위에 올라 예종이 되며 대비가 됨. |
| **1469년 11월** | 예종이 세상을 떠나고 의경세자의 둘째 아들 자을산군이 성종이 되며 대왕대비가 됨. 수렴청정을 시작함. |
| **1469년 12월** | 호패법을 없앰. |
| **1470년 12월** | 백성들에게 뽕나무를 심고 누에를 기를 것을 권장함. |
| **1472년 1월** | 내수사 장리소를 237개로 줄임. |
| **1476년 1월** | 수렴청정을 마침. |
| **1483년 3월** | 세상을 떠남. |

# 광통교에서 만난 도령

"언니, 삼월아, 빨리 가자. 이러다 돌아오면 한밤중이겠어. 어서!"

정희는 다홍색 치맛자락을 팔락이며 솟을대문*을 나섰다. 정혜와 삼월이도 행여 정희를 놓칠세라 급하게 그 뒤를 따라나섰다.

집을 나서자 사람들이 들뜬 얼굴로 청계천 쪽으로 걸어가는 게 보였다. 안국방에서 광통방 큰 다리까지 멀지 않아 다행이었다.

"언니, 밖에 나오니까 너무 좋지? 날아갈 것만 같아!"

정희는 두 팔을 날개처럼 뻗고 빙빙 돌리며 소리쳤다.

"아휴, 나는 사람이 많으니까 정신이 하나도 없어. 네 성화에 못

* **솟을대문(大門)** : 대문간 곁에 있는 행랑채의 지붕보다 높이 솟게 지은 대문

이겨 따라오긴 했지만 난 벌써 집에 가고 싶다."

정혜는 심드렁한 표정을 지었다.

"아휴, 언니는 정말 집안귀신이라니까. 모처럼 온 기회인데 제발 좀 재미나게 놀다 가자. 응?"

정희는 매사에 행동거지가 조신하고 조용조용한 언니가 영 못마땅하였다. 정희는 마음이 급한 나머지 혼자 앞장서서 걸어갔다. 광통교가 가까워 오자 사람들은 더욱 많아졌다. 어린아이들도 궁둥잇바람˚을 내며 어른들을 따라갔다.

보름달이 둥싯둥싯 떠오르자 종루에서 종이 울렸다. 사람들은 종소리를 신호로 앞다투어 광통교 쪽으로 걸어갔다. 양 끝에서 몰려든 사람들로 다리 위는 서로 어깨를 부딪칠 만큼 붐볐다. 정월 대보름 밤에 다리를 밟으면 한 해 동안 다릿병을 앓지 않고, 열두 다리를 건너면 열두 달 동안 나쁜 일을 면한다고 믿어서였다.

청계천에는 광통교 말고도 모전교, 장통교, 수표교 등 여러 다리가 있지만 사람들은 유난히 광통교를 좋아하였다. 운종가˚와 가까운 데다 다리가 넓고 돌로 만들어서 튼튼하기 때문이었다.

˚ **궁둥잇바람** : 신바람이 나서 엉덩이를 흔들며 걷는 것
˚ **운종가(雲從街)** : 조선 시대에, 서울의 거리 가운데 지금의 종로 네거리를 중심으로 한 곳

정희도 어느 틈에 사람들에게 떠밀려 광통교로 올라섰다. 다리 위에서 퉁소를 불고 꽹과리를 치고 북장단에 맞춰 창을 하는 사람들로 분위기는 한층 더 흥겨웠다.

"언니, 우리 보름달에 소원 빌자!"

정희는 광통교 중간쯤 오자 둥그렇게 떠오른 보름달을 보며 두 손 모아 소원을 빌었다.

"정희야, 무슨 소원 빌었니?"

"호호, 그건 비밀이야!"

"어머머, 너, 이 언니한테도 말 안 해 줄 거야? 요게 정말!"

정혜가 서운하다는 듯 눈을 흘겼다.

'크크, 이다음에 멋진 도령이랑 혼인하게 해 달라고 빌었는데 그걸 언니한테 말하면 안 되지!'

정희는 배시시 웃으며 걸어갔다. 막내딸인 정희는 늘 혼인한 언니 오빠들이 알콩달콩 재미나게 사는 걸 부러워하곤 하였다.

그때였다. 한 무리의 도령들이 맞은편에서 걸어오는 게 보였다. 모두 얼굴이 훤하고 옥색, 청색, 남청색 옷을 입은 데다 복건*을 쓴 걸 보니 양반집 자제들이 틀림없었다.

* 복건(幅巾) : 예전에, 유생들이 도포에 갖추어서 머리에 쓰던 두건

"아하하! 역시 나오길 잘했어. 여기 오니 장안의 어여쁜 처녀들도 실컷 보고 말이야."

"옳지, 저기, 저기도 오는군. 뉘 집 딸들인지 어디 말이라도 좀 걸어 볼까?"

남청색 두루마기를 입은 도령이 느물느물 웃으며 정희와 정혜 앞으로 다가왔다.

"저, 어여쁜 처자님들, 다리밟기하러 나왔나요? 여긴 너무 사람들로 붐비니 저 아래 한적한 곳으로 내려가 저희와 달구경이라도 하시렵니까?"

"저, 정희야, 어서 가자."

정혜는 얼른 정희의 옷소매를 가만히 잡아당겼다. 행여 대꾸라도 했다간 무슨 해코지를 당할지 몰라서였다. 하지만 가만히 있을 정희가 아니었다.

"점잖은 도련님들인 줄 알았는데 이제 보니 하릴없는 왈짜•패들이군요. 예의도 없이 지나가는 처녀들을 희롱하다니요!"

정희는 정혜의 손을 뿌리친 채 눈을 똑바로 뜨고 쏘아붙였다.

"아니, 장난 좀 한 걸 가지고 너무한 거 아니오?"

•왈짜 : 말이나 행동이 단정하지 못하고 수선스럽고 거친 사람

도령 하나가 눈을 치뜬 채 정희를 바라보았다.

"장난이라고요? 그런 무례함은 대체 어디서 배운 거죠? 이럴 시간 있으면 책상머리에 앉아 예법이라도 더 배우시지요!"

정희도 지지 않고 맞받아쳤다. 그때 옥색 두루마기를 입은 도령이 나서서 목례를 하며 점잖게 말했다.

"제 동무들 장난이 지나쳤소. 오늘처럼 좋은 날 낯을 붉히게 하여 미안하오."

"사과를 하시니 그냥 돌아가겠어요. 언니, 가요!"

정희는 코웃음을 치며 그들을 제치고 지나갔다.

"아하하! 어느 댁 따님인지 정말 대단하구먼. 도련님들이 꼼짝 못 하고 졌네 그려."

"허허, 정말 당찬 처녀일세!"

모여 있던 사람들이 와그르르 웃어 댔다.

"저, 정희야, 어쩌자고 말대꾸를 하고 그래? 그 대찬 성격은 알아줘야 한다니까. 해코지당하기 전에 빨리 가자."

정혜는 정희의 팔을 잡은 채 종종걸음을 쳤다. 그때 허둥지둥 뒤따라오던 삼월이가 낮게 속삭였다.

"정희 아가씨, 크, 큰일 났어요. 아까 미안하다며 사과하던 그, 그

도련님이 누군지 아세요? 바로 상감마마의 둘째 아들 진평대군이래요!"

"뭐어? 진평대군? 네가 그, 그걸 어떻게 알아?"

정희는 화들짝 놀라 소리쳤다. 임금에게 여러 대군들이 있다는 소리는 들었지만 아까 본 도령이 그중 한 명이라니 놀라웠다.

"사람들이 수군거리는 소릴 들었어요."

"어쩜, 그것도 모르고 대군마마 앞에서 친구들한테 무례하다고 소리쳤으니!"

정희는 당황한 얼굴로 얼른 광통교 쪽을 뒤돌아보았다. 하지만 사람들이 빽빽하게 오가는 광통교에서 진평대군 일행은 어디로 갔는지 보이지 않았다.

"하긴 뭐, 아무리 진평대군이라도 내가 틀린 말 한 건 아니잖아. 다시 볼 일도 없을 테고. 언니, 어서 가자."

정희는 사람들을 헤치며 빠른 걸음으로 걸어갔다.

그런데 참 이상한 일이었다. 집에 돌아온 정희는 자기도 모르게 아까 본 진평대군을 떠올렸다. 훤칠한 키에 진한 눈썹과 아직 어리지만 어딘가 위엄 어린 모습까지.

'아깐 내가 너무 심했나?'

정희는 못내 마음이 무거웠다.

"정희야, 아까 본 진평대군 어때? 나는 어쩐지 좀 무서워 보이더라."

옆에 있던 정혜는 진평대군을 떠올리며 도리질을 하였다.

"난 왕실 사람을 처음 봐서 그런지 신기하던걸. 하지만 뭐 그게 나하고 무슨 상관이람."

정희는 짐짓 아무 관심 없는 척 대꾸했다. 하지만 그날 이후 문득문득 진평대군이 떠오르곤 하였다.

## 진평대군과 혼인을 하다

매화꽃이 피기 시작하는 이른 봄날, 정희는 별당에 앉아 《삼국지》를 읽고 있었다. 정희는 다른 동무들과 달리 영웅호걸들이 서로 지략을 펼치고 힘겨루기를 하는 전쟁 이야기들이 재미있었다. 그때 정혜가 다른 때와는 달리 호들갑을 떨며 별당으로 들어섰다.

"정희야, 정희야! 이를 어쩌면 좋으니?"

"언니, 왜 그래? 무슨 일 있어?"

"오늘 궁궐 사람들이 우리 집으로 온단다."

"궁궐에서 무슨 일로?"

정희는 궁궐이라는 말에 깜짝 놀라 되물었다.

"얼마 전에 궁궐에서 기별이 왔대. 그, 그러니까 우리가 그날 만난 진평대군의 혼사 문제로 감찰 상궁*과 보모상궁*이 우리 집으로 온단다. 아무래도 나, 나를 보러 오는가 봐. 어떡하지?"

정혜는 겁에 질린 채 울상을 지었다.

"뭐어? 그럼 언니가 진평대군이랑 혼인하는 거야?"

정희는 화들짝 놀라 물었다. 진평대군이라는 말을 듣는 순간 자기도 모르게 가슴이 쿵쾅쿵쾅 뛰었다.

"아직은 잘 몰라. 그분들이 나를 만나고 간 후에 결정하겠지. 하지만 난 그렇게 지체 높은 사람한테 시집가기 싫어. 지난번 봤을 때 진평대군이 좀 무서워 보이더라고. 눈썹도 진하고 광대가 툭 불거진 게 엄청 고집도 세 보이고."

정혜는 거의 울 듯한 표정이었다.

"언니, 그래도 임금님의 며느리가 되는 건 좋은 일이잖아. 나 같으면 정말 신이 날 텐데."

정희는 상상하는 것만으로도 정혜가 부러웠다.

---

• **감찰 상궁(監察尙宮)** : 조선 시대에, 궁녀들의 부정부패를 감시하고 조사하여 처벌하는 임무를 맡은 내명부의 상궁
• **보모상궁(保姆尙宮)** : 조선 시대에, 왕자나 왕녀를 양육하던 나인들의 우두머리 상궁

얼마 후 날아갈 듯 사각거리는 비단옷을 차려입은 두 상궁이 나인들을 데리고 솟을대문 안으로 들어섰다.

"정희야, 대궐에서 귀한 분들이 오셨으니 얼쩡대지 말고 별당에 가 있으려무나."

어머니는 늘 궁금한 건 참지 못하는 정희가 행여 무슨 실수를 저지르지 않을까 염려하여 단단히 일렀다.

"네, 어머니."

정희는 새침한 표정으로 별당 쪽으로 갔다. 하지만 아무래도 궁금증이 나서 견딜 수가 없었다. 괜스레 가슴이 두근거리고 뺨이 발그스름해졌다.

'궁궐에 들어가 살면 임금님과 왕비마마도 뵙겠지? 안 되겠다. 무슨 말이 오가는지 몰래 가서 좀 들어 봐야지.'

참다못한 정희는 별당에서 나와 살그머니 안채로 들어갔다. 안방에서 두런두런 이야기 소리가 들려왔다. 하지만 무슨 소리를 하는지 통 알아들을 수가 없었다.

정희는 까치발을 한 채 살금살금 방문 앞으로 다가갔다. 그러고는 문틈으로 안을 들여다보았다. 감찰 상궁과 보모상궁이 어머니와 정혜를 보며 한창 무언가 이야기를 나누고 있었다.

정혜는 뭐가 그리 부끄러운지 숙맥처럼 고개를 숙인 채 묻는 말에만 간신히 대답을 하는 게 보였다. 정희는 그런 정혜가 답답해 보였다. 사람들 말을 들으니 진평대군은 외모만큼이나 성격도 호탕하다고 하던데 정혜가 감당할 수 있을까 걱정이 되었다.

그때였다. 갑자기 감찰 상궁이 고개를 갸우뚱하곤 어머니에게 물었다.

"혹시, 이 댁에 언니 말고 동생이 있지 않나요? 실례가 안 된다면 동생분도 좀 볼 수 있을까요? 우리 대군마마께서 말한 처자가 언니가 아닌 듯해서요."

"그, 그게 무슨 말씀이신지요? 대군마마가 저희 막내를 아신단 말씀입니까?"

어머니가 눈을 크게 뜨고 물었다. 정희는 감찰 상궁 입에서 자신의 이야기가 나오자 깜짝 놀라 문을 조금 더 열곤 방 안을 들여다보았다. 그때 감찰 상궁과 눈이 딱 마주치고 말았다.

당황한 정희는 재빨리 뒤돌아 대청마루를 가로질러 달려갔다. 그때 어머니가 정희를 부르는 소리가 들려왔다.

"정희야, 이리 좀 오너라."

"앗, 네, 어, 어머니."

무안해진 정희는 발그레한 얼굴로 안방으로 들어섰다.

"제 막내 여식입니다. 궁에서 나오신 분들이다. 인사드리렴."

어머니가 간신히 화를 참는 얼굴로 낮게 일렀다.

"소녀 정희라고 하옵니다. 무례를 저질러 죄송합니다. 사실은 아까부터 궁금하여 바깥에서 서성이던 참이었습니다. 그러다가 그만……."

정희는 감찰 상궁을 바라보며 멋쩍게 웃었다.

"호호, 참으로 쾌활하고 당찬 아가씨로군요. 우리 대군마마께서 뵌 그분이 틀림없네요."

감찰 상궁은 지난 다리밟기 때 정희가 진평대군과 만난 일을 꺼냈다.

"그날 이후 대군마마께서 저에게 넌지시 어디 사는 처자인지 알아보라고 하셨답니다. 그래, 요즈음 무얼 하며 지내시는지요?"

감찰 상궁이 빙그레 웃으며 정희에게 물었다.

"네, 수도 놓고 바느질도 하고 영웅호걸들의 이야기를 다룬《삼국지》도 읽고 있답니다."

정희는 아무 거리낌 없이 어떻게 지내는지 이야기하였다.

"아니, 저, 성희야……."

어머니는 남자들이 읽는 《삼국지》를 읽는다고 자랑스레 말하는 정희가 부끄럽다는 듯 상궁들의 눈치를 살폈다.

"오호호, 영웅호걸들의 이야기를 읽다니 놀랍습니다. 역시 대군마마께서 반할 만한 분이시네요!"

감찰 상궁은 뭐가 그리 우스운지 아까보다 더 크게 웃었다. 정희는 진평대군이 자신에게 반했다는 이야기에 깜짝 놀랐다.

"그럼, 이만 가 보겠습니다. 곧 좋은 소식을 가지고 다시 찾아뵙겠습니다."

두 상궁이 인사를 하고 돌아간 뒤 어머니는 정혜를 보며 걱정스레 물었다.

"나는 진평대군의 혼사 문제로 온다기에 당연히 너를 마음에 두고 온 줄 알았다. 그런데 정희를 보러 왔을 줄이야. 정혜야, 서운하지 않느냐?"

"어머니, 그런 말씀 마셔요. 저는 왕실 사람보다 그저 평범한 양반집 도령이랑 혼인하여 오순도순 살고 싶어요. 철 따라 꽃 가꾸고, 수놓고, 바느질하고, 조용히 남편을 섬기면서요. 그 자리는 저보다 우리 정희한테 훨씬 더 잘 어울리는걸요."

정혜는 환하게 웃으며 말했다.

"그렇게 생각하니 참 고맙구나. 정희야, 너는 이제부터 궁에서 기별이 올 때까지 그저 조신하게 지내고 있어야 한다. 알았느냐?"

"네, 어머니."

정희는 자기도 모르게 얼굴이 빨개지고 가슴이 콩닥거렸다. 갑작스레 벌어진 일에 그저 어안이 벙벙할 뿐이었다. 그렇게 며칠이 지나가는 동안 정희는 괜스레 마당을 서성거리며 궁궐에서 사람이 오길 기다렸다.

그러던 어느 날, 마침내 감찰 상궁과 보모상궁이 상궁과 나인들을 이끌고 집으로 찾아왔다.

"참으로 감축드리옵니다."

감찰 상궁은 정희와 어머니 앞에 두 손 모아 고개를 조아렸다.

정희는 문득 광통교에서 소원을 빌던 날을 떠올렸다.

'아, 나와 대군마마의 인연이 그날부터 시작되었다니!'

정희는 설레어 가슴이 두근거렸다.

그 후 온 집안이 혼인 준비로 들썩거렸다. 궁에서 예물이 오고,

상궁들이 찾아와 정희에게 왕실 법도를 가르쳐 주는 등 바쁘게 시간이 지나갔다. 1428년, 열두 살의 진평대군과 열한 살의 정희는 혼인을 했다.

"하하, 참으로 마음에 쏙 드는 며느리를 얻었구려. 안 그렇소, 중전?"

"전하, 어질고 영특한 며느리를 얻게 되었으니 왕실의 큰 기쁨이옵니다."

세종과 소헌왕후는 둘째 며느리 정희를 흐뭇하게 바라보았다.

정희는 이제 왕실 사람이 되었으니 여인으로서 남편을 잘 섬기고 아이들을 잘 키우는 일에 앞장서리라 생각했다. 하지만 왕실 가족으로 살아가는 일은 만만치 않았다. 비록 명례방 사가˙에 나와 살고 있지만 왕실 법도는 엄격했고 섬겨야 할 웃어른도 한두 사람이 아니었다.

그러나 어렵게만 느껴졌던 왕실 법도도 날이 갈수록 몸에 익고, 윗분들의 사랑을 받으며 정희는 차츰 평온하고 행복한 나날을 보내게 되었다. 그러는 사이 큰아들 장(의경세자)과 딸 의숙이 태어나 그 어느 때보다 다복하고 즐거운 나날이었다.

˙**사가(私家)**: 개인이 살림하는 집

"대군마마, 지금 소첩*은 참으로 행복합니다. 아이들이 잘 자라고 있고, 저희도 이리 잘 지내고 있으니 이 모두가 다 아바마마의 공덕*이지요."

"하하하, 내 생각도 그렇소. 부인, 요즘도 영웅호걸들의 이야기를 다룬 소설들을 즐겨 읽는다지요? 나도 사내대장부로 태어났으니 그들처럼 더 큰 세상을 만나 보고 싶소. 그러려면 더 열심히 학문을 익히고 무예를 닦아야겠지요."

진평대군에서 새 이름을 받은 수양대군은 너털웃음을 지었다. 정희는 날이 갈수록 학문이 높아지고 도량*이 넓어지는 수양대군이 더욱 미덥고* 존경스러웠다.

- **소첩(小妾)** : 부인이 남편을 상대하여 자기를 낮추어 이르던 말
- **공덕(功德)** : 착한 일을 하여 쌓은 업적과 어진 덕
- **도량(度量)** : 사물을 너그럽게 용납하여 처리할 수 있는 넓은 마음과 깊은 생각
- **미덥다** : 믿음성이 있다.

## 정희, 왕비가 되다

　정희는 사가에 살면서도 종종 궁궐에 들어가 시부모인 세종과 소헌왕후를 지극정성으로 모셨다. 세종과 소헌왕후는 그 누구보다 정희를 아끼고 어여삐 여겼다. 정희가 아기를 낳을 때도 궁에 들어와 낳는 것을 허락할 만큼 큰 사랑을 베풀었다.

　하지만 안타깝게도 소헌왕후는 병이 들어 수양대군과 정희의 지극한 간병에도 숨을 거두었다. 그 후 늘 서책을 가까이하느라 쇠약해진 세종도 1450년 이른 봄, 세상을 떠났다.

　정희와 수양대군은 슬픔 속에서도 새 임금이 된 문종을 믿고 의지하였다.

"형님은 학식과 덕망이 높은 분이니 이 나라를 잘 다스릴 게요."

문종은 오랜 세월 왕세자로 있으면서 집현전 학사들과 어울려 학문을 닦고 나랏일을 논의하며 이미 임금이 될 자격을 갖추고 있었다.

그러나 1452년, 왕위에 오른 지 겨우 2년 3개월 만에 문종 또한 세상을 떠났다. 그리고 뒤를 이어 열두 살의 왕세자 홍위가 임금의 자리에 올라 단종이 되었다.

"그대들에게 세자를 부탁하노라."

문종은 숨을 거두기 전 김종서, 황보인 등 원로대신들에게 어린 단종을 잘 보살펴 달라는 유언을 남겼다. 이제 모든 나랏일은 단종 대신 고명을 받은 중신들이 도맡아 하였다. 중요한 일을 처리할 때도 단종은 원로대신들의 이야기를 새겨들었다.

그때부터 정희는 수양대군의 얼굴에 수심이 가득한 걸 보았다. 수양대군은 날마다 술을 마시고 잠을 이루지 못했다.

"대군마마, 어찌 이리 괴로워하시는지요?"

- 원로대신(元老大臣) : 예전에, 나이가 많고 덕망이 높은 벼슬아치를 이르던 말
- 고명(顧命) : 임금의 유언으로 세자나 종친, 신하 등에게 나라의 뒷일을 부탁하는 것
- 중신(重臣) : 중요한 관직에 있는 신하

어느 날 정희는 조심스레 물었다.

"부인, 나는 저들이 형님의 고명을 받았다는 이유로 거들먹거리는 걸 더는 볼 수가 없소이다. 소문을 들으니 지금 안평대군이 그들과 손을 잡고 왕위를 넘보고 있다 하오. 그들이 움직이기 전에 무슨 수를 써야만 하오."

"대군마마, 어쩌면 수많은 사람들이 희생될 수 있는 일입니다. 그래도 하시렵니까?"

"그렇소. 나는 이미 결심했소. 그러니 부인, 나를 믿어 주시오. 나는 그 누구보다 부인의 지지가 필요하오!"

큰일이 있으면 늘 정희와 의논하던 수양대군은 정희의 두 손을 덥석 쥔 채 간곡하게 말했다.

'왕실의 권위를 되찾기 위한 방법이 꼭 이것밖에 없단 말인가. 아바마마 때부터의 충신들이 아닌가. 지금이라도 다른 방법을 찾아야 하는 게 아닐까?'

정희는 두려움으로 온몸이 떨려 왔다. 하지만 이제 더 이상 물러설 곳이 없다는 걸 깨달았다. 물러서는 순간 적들의 칼날이 먼저 공격을 해 올 게 분명했다.

"대군마마, 소첩은 두렵습니다. 하지만 대군마마의 뜻이 정 그렇

다면 저도 돕겠습니다. 지아비가 뜻을 세우는 일이니 저도 함께하겠습니다."

정희는 그날부터 여장부처럼 나서서 수양대군을 돕기 시작하였다. 수양대군을 돕기 위해 모인 장정들을 위해 음식을 해 먹이고, 쥐도 새도 모르게 집 안에 무기들을 숨겨 두었다. 그러다가 모두 잠든 밤이면 홀로 앉아 바느질을 시작하였다.

'대군마마께서 거사를 일으키는 날 입을 갑옷이다.'

정희는 한 땀 한 땀 온 마음을 다하여 바느질을 하였다. 하지만 가슴 한쪽에서는 여전히 두려움이 몰려왔다. 그러나 되돌아가기엔 이미 너무 멀리 와 버린 길이었다.

마침내 거사를 일으키기로 한 계유년 10월 10일 저녁이 다가왔다. 수양대군과 뜻을 함께하는 사람들이 모였다.

"대군마마, 저들이 낌새를 눈치챈 모양이니 일단 거사를 뒤로 늦추셔야 합니다!"

손석손이 앞장서서 수양대군을 가로막았다.

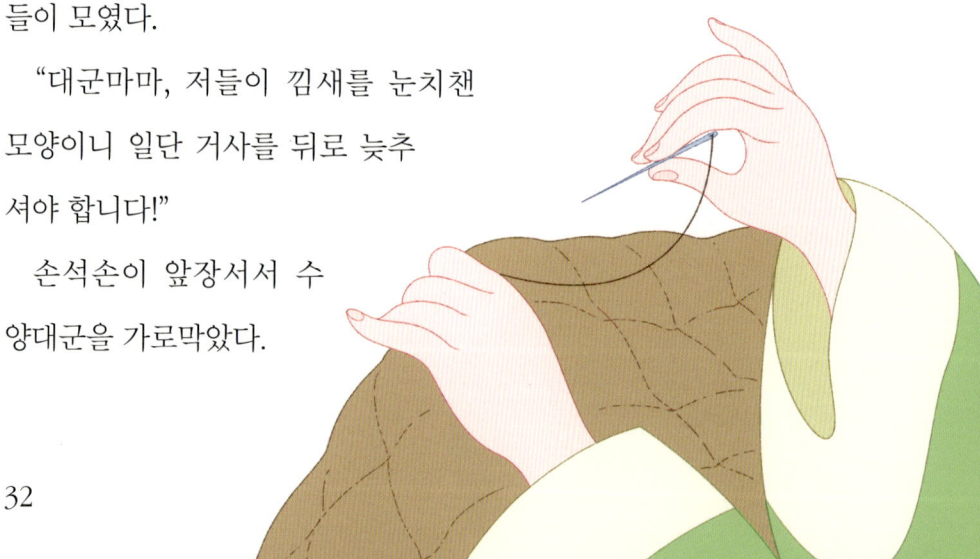

"아닙니다. 이미 칼을 뽑았는데 그 칼을 거둘 수는 없습니다. 지금이 바로 기회입니다. 대군마마, 어서 마음을 정하십시오."

한명회가 옆에서 재촉하였다. 수양대군은 차마 결정을 내리지 못한 채 망설였다.

'한명회의 말이 옳다. 지금 때를 놓치면 우리는 모두 역적˚으로 몰려 죽을 것이다.'

정희는 마음을 굳게 먹고 미리 준비한 갑옷을 두 손으로 받쳐 든 채 중문 앞으로 나아갔다.

"아니, 부인!"

중문을 나서던 수양대군이 정희를 보고 흠칫 놀랐다.

"대군마마, 어서 입으시지요."

정희는 떨리는 손으로 수양대군에게 갑옷을 입혀 주었다. 용기를 북돋워 주려는 정희의 뜻을 알아챈 수양대군은 말없이 갑옷을 입었다.

"부인, 다녀오겠소."

수양대군은 큰 결심을 한 듯 성큼성큼 대문을 나섰다.

어느 틈에 날은 점점 어두워졌다. 하늘이 어둠으로 덮여 갈수록

˚**역적(逆賊)** : 자기 나라나 민족, 통치자를 배신한 사람

정희의 가슴도 까맣게 타들어 갔다. 성공하지 못한다면 아무도 살아남지 못할 것이 분명했다.

정희는 큰아들 장과 딸 의숙, 그리고 이제 겨우 네 살이 된 막내아들 황(예종)을 보며 두려움에 떨었다.

'제발 대군마마와 우리 가족, 그리고 뜻을 함께하는 모든 사람들이 무사해야 할 텐데.'

정희는 바작바작 진땀을 흘리며 빌고 또 빌었다.

밤이 지나고 샛별이 돋을 무렵에야 누군가 거사가 성공했다는 소식을 전해 왔다.

'아아. 두렵구나, 두려워.'

정희는 그 자리에 풀썩 주저앉았다. 처음으로 남편 수양대군이 무서웠다. 하지만 수양대군의 꿈은 그것으로 끝이 아니었다.

계유년의 난이 일어난 지 2년이 될 무렵이었다. 수양대군이 결심한 듯 말했다.

"더 이상 왕권을 우습게 보는 세력들을 가만두지 않을 것이오. 그러기 위해서는 안타깝지만 어린 임금이 물러나야 할 것이오. 부인, 이제 내가 나서서 조선을 다시 세울 것이오."

그 순간 정희는 깨달았다. 수양대군이 지금 역사의 물줄기를 바꾸려 한다는 걸. 새로운 조선을 만들기 위해 왕이 되려 한다는 걸.

"대군마마, 하오면 아바마마처럼 이 나라를 태평성대로 만들 자신이 있으십니까? 부끄럽지 않은 임금이 될 자신이 있으시냔 말입니다. 소첩은 그저 두려울 뿐입니다."

정희는 떨리는 목소리로 말했다.

"부인, 부디 나를 믿어 주시오!"

수양대군은 정희의 손을 더욱 힘주어 잡았다. 정희는 눈물을 주르르 흘리며 말없이 고개를 끄떡였다.

그 후 수양대군은 1455년 마침내 단종에게 왕위를 물려받고 조선 제7대 임금의 자리에 올라 세조가 되었다.

정희는 대례복*을 입고 있는 자신이 마냥 어색했다. 꿈에도 왕비가 되리라 생각하지 못했건만 어느 날 지아비는 임금이 되고 자신은 왕비가 되었다는 게 믿기지 않았다.

왕비가 된 후 정희왕후는 왕위를 넘겨주고 수강궁에 있는 단종과 정순왕후를 찾아가 날마다 문안을 드렸다. 하지만 단종과 정순왕후는 정희왕후를 달가워하지 않았다. 임금의 자리를 빼앗은 세조

*대례복(大禮服): 나라의 중대한 의식이 있을 때에 벼슬아치가 입던 예복

에 대한 분노와 노여움, 두려움으로 그들은 비 맞은 참새처럼 오들오들 떨었다. 정희왕후는 자신보다 어린 그들이 하루하루 편안하기만을 빌고 또 빌었다.

 그런데 어느 날 궁궐 안팎이 발칵 뒤집어지는 소식이 날아왔다. 단종을 다시 임금의 자리에 앉히려는 세력이 있다는 것이었다.

 "무엇이? 집현전 학사들인 박팽년, 성삼문, 이개, 하위지, 유성원, 유응부가 상왕˚을 복위시키려는 모의를 했단 말이냐?"

 정희왕후는 상궁이 알려 준 소식을 들으며 사시나무처럼 몸을 떨었다. 그들은 창덕궁 광연루에서 명나라 사신을 위한 송별 잔치가 열릴 때 세조를 치려는 계획을 세웠다고 하였다.

 "그들은 결코 전하를 받아들일 수 없었던 게다. 조카의 자리를 빼앗은 숙부를 용서할 수 없었던 게야."

 정희왕후는 세종이 유난히 아끼던 집현전 학사들이 무사하지 못하리라 여겼다. 문득 단종이 물러나던 날 세조에게 옥새˚를 전해 주며 통곡하던 성삼문의 모습도 겹쳐서 떠올랐다.

 단종은 이 사건에 연루되었다는 혐의로 노산군으로 강등˚되고

˚ **상왕(上王)** : 자리를 물려주고 들어앉은 임금을 이르는 말
˚ **옥새(玉璽)** : 국권의 상징으로 국가적 문서에 사용하던 임금의 도장

강원도 영월로 유배를 갔다. 그리고 얼마 후 관련자가 모두 처형되었다는 소식을 들은 정희왕후는 세조에게 울며 애원하였다.

"전하! 수많은 사람들이 피 흘리며 죽어 가는 게 전하가 바라던 일이옵니까? 부디 더 이상은 피를 보지 않게 해 주소서. 그 누구도 더 이상 죽지 않게 해 주소서!"

"중전, 그들은 나와 함께 집현전에서 글을 읽던 동무들이었소. 그런데 그들이 내게 등을 돌리고 나를 향해 칼끝을 겨누려 하였소. 나를 임금으로 여기지도 않고 나리라고 부르며 내가 준 녹봉˙조차 받지 않았단 말이오. 섶을 지고 불로 들어가려 한˙ 건 바로 그들이었소. 그러니 나를 탓하지 마시오!"

세조는 언성을 높이며 정희왕후를 바라보았다.

"아아, 전하! 어찌하여 이리도 모진 분이 되셨나이까!"

정희왕후는 가슴이 찢어질 듯 괴로웠다.

---

- **강등(降等)**: 등급이나 계급이 낮아짐.
- **녹봉(祿俸)**: 벼슬아치에게 일 년 또는 계절 단위로 나누어 주던 금품을 통틀어 이르는 말로, 쌀, 보리, 명주, 베, 돈 등을 가리킴.
- **섶을 지고 불로 들어가려 한다**: 당장에 불이 붙을 섶(땔나무)을 지고 이글거리는 불 속으로 뛰어든다는 뜻으로, 앞뒤 가리지 못하고 미련하게 행동함을 이르는 말

하지만 단종의 복위를 위한 움직임은 그게 끝이 아니었다. 이번에는 또다시 다른 이들이 단종 복위 운동에 나섰다가 발각되었다. 조선 땅이 붉은 피로 물들 정도로 많은 사람들이 죽어 나갔다.

"전하, 이 모든 건 상왕이 살아 있기 때문이옵니다. 상왕을 그대로 두면 아니 되옵니다!"

"전하, 어서 결단을 내리시옵소서!"

대신들은 날마다 조정에 몰려와 단종을 그냥 두면 안 된다고 외쳤다. 결국 세조는 단종에게 사약을 내렸다.

"아아, 상왕 전하! 부디……."

정희왕후는 가슴이 미어지는 비통함과 죄스러움에 몸이 떨렸다. 단종의 슬픈 눈빛이 떠오르고, 수많은 이들의 죽음이 겹쳐서 떠오르자 가슴을 도려내는 아픔이 밀려왔다.

## 악몽은 이어지고

어느 날 정희왕후는 궁궐 뜰에 핀 모란꽃을 보며 지나간 시간들을 떠올렸다. 왕비가 되고 단 하루도 마음 편한 날이 없던 나날이었다. 수많은 사람들이 죽고 새로운 세상이 펼쳐졌지만 정희왕후는 그 모든 게 낯설고 불안하기만 했다.

'정말 피비린내 나는 세월이었지.'

그때 갑자기 전각˙ 밖에서 소란스러운 소리가 들려왔다.

"아니, 여기가 어디라고 기웃거리는 게냐? 썩 저리 가지 못하겠느냐?"

• 전각(殿閣) : '전(殿)'이나 '각(閣)' 자가 붙은 커다란 집을 이르는 말

김 상궁이 누군가를 향해 호통을 쳤다.

"김 상궁, 무슨 일인가?"

"마마, 이제 막 궁에 들어온 아기나인인데 마마를 뵙고 싶다며 몰래 들어온 모양입니다. 당장 내보낼 터이니 괘념˚치 마소서."

김 상궁은 당장이라도 아이를 내쫓을 기세였다.

"아니다. 그 어린 게 나를 보겠다고 왔는데 어찌 그리 야박하게 구느냐. 이리 가까이 데리고 오너라."

"마마, 그, 그렇지만 천한 계집아이를 어찌……."

김 상궁은 못내 내키지 않는 눈치였지만 잠시 후 조그만 여자아이를 정희왕후 앞으로 데려왔다. 머리를 쫑쫑 땋아 내린 아주 어린 애였다.

"그래, 네 이름이 무엇인고?"

정희왕후는 인자한 얼굴로 물었다.

"별이옵니다. 이제 일곱 살이고요. 중전마마를 가까이에서 보고 싶어서 저도 모르게 교태전 전각 안으로 들어왔답니다. 저, 정말 궁금했거든요……."

별이는 조그만 입으로 야무지게 말했다.

˚ 괘념(掛念) : 마음에 두고 걱정하거나 잊지 않음.

그 순간 정희왕후는 자기도 모르게 웃음이 터져 나왔다. 마음을 졸이며 살아오느라 이렇듯 큰 소리로 웃어 본 게 언제인지 모를 정도였다.

"아니, 주, 중전마마, 어찌 그리 웃으시는지요?"

김 상궁이 놀란 눈으로 정희왕후를 바라보았다.

"이 아이를 보니 사가에서 살던 때가 떠오르는구나. 저 아이가 마치 감찰 상궁이 오던 날 문틈으로 엿보던 나를 닮은 듯하여… 아하하!"

정희왕후는 연방 웃음을 터뜨렸다.

"하오면 이제 저 아이를 내보내도 되겠나이까?"

"아니, 아니다. 그래, 별이라고 했느냐? 내 그렇지 않아도 적적하던 참인데 내 옆에서 시중들며 말벗이나 되어 주련?"

정희왕후는 어쩐지 별이가 마음에 들었다. 야무진 입매와 초롱초롱한 눈, 당찬 모습이 어린 시절 자신을 쏙 빼닮은 듯 보여서였다.

"정말요? 알겠습니다, 중전마마!"

별이는 신바람이 나서는 납작 엎드려 절하였다.

"호호, 고 녀석 참 귀엽기도 하구나. 김 상궁, 어서 다과상을 들여오거라. 그리고 장차 이 아이를 곁에 두고 말벗이나 삼으려 하니 김 상궁은 말리지 말거라."

정희왕후는 마치 손녀딸을 바라보듯 별이를 바라보았다.

"그래, 너는 어찌하여 그 어린 나이에 궁으로 들어왔느냐?"

"지난번 역병˙으로 어머니, 아버지를 다 잃고 친척 집에 머물다가 궁으로 들어오게 되었어요. 친척 아주머니 한 분이 수라간˙에서 일을 하고 있거든요."

"그랬구나. 한번 궁에 들어오면 궐 밖을 나가기가 어려운데 그래도 괜찮은 것이냐?"

정희왕후는 한편으로 이 어린 아기나인이 궁을 떠나 자유롭고 행복하게 살아가길 바랐다.

"네, 그럼요! 저는 여기서 열심히 일해서 이다음에 아주아주 큰 상궁이 되고 싶어요! 상궁 마마님들 중에 높은 벼슬에까지 오른 큰

• **역병(疫病)** : 대체로 급성이며 전신 증상을 나타내어 집단적으로 생기는 전염병
• **수라간(水刺間)** : 임금의 진지를 짓던 주방

상궁들이 있다고 친척 아주머니가 말해 주었거든요. 저도 꼭 그렇게 되고 싶어요!"

별이는 당장이라도 궐 밖으로 내쳐질까 봐 겁이 나서 다급하게 말했다.

"오호호! 네가 그리 큰 뜻을 품고 있다니 참으로 대견하구나. 오냐, 오냐! 제발 그리되어 다오."

정희왕후는 함박웃음을 지으며 덕담을 아끼지 않았다.

그날 이후 별이는 정희왕후가 머무는 전각에서 심부름도 하고 말동무도 하며 늘 정희왕후 곁에서 지냈다. 정희왕후는 어린 별이를 마냥 어여삐 여겼다.

별이는 하루가 다르게 궁궐 생활에 익숙해졌다. 어느 날 정희왕후는 별이에게 종이와 먹, 붓, 벼루를 내주며 일렀다.

"큰 상궁이 되려면 글을 읽고 쓸 줄 알아야 하느니라."

"우아! 중전마마, 이게 다 제 것이옵니까? 망극하옵니다!"

별이는 받은 것들을 가슴에 꼭 껴안은 채 처소로 달려갔다. 정희왕후는 그런 별이를 인자한 눈으로 바라보았다.

그러던 어느 날 밤이었다.

"으으윽, 으아악, 무, 물러가라, 물러가……."

정희왕후 처소에서 잠을 자던 세조가 헛손질을 하며 신음하였다. 놀란 정희왕후가 눈을 떴다.

"전하, 전하! 또 악몽을 꾸셨나이까?"

정희왕후는 땀으로 흥건하게 젖은 세조의 얼굴과 몸을 닦아 주며 안타깝게 외쳤다. 그즈음 세조는 잠자리에 들 때마다 악몽에 시달렸다. 그뿐 아니라 온몸에 자꾸 부스럼과 종기가 나기 시작하였다. 옷과 이부자리에 피고름이 묻을 만큼 병세는 점점 더 나빠졌다.

"어의는 대체 무얼 하고 있느냐? 어서 탕약을 올리도록 하라!"

정희왕후는 어의를 불러 호통을 쳤다. 하지만 그 어떤 약도 듣지 않았다. 온양온천에 가서 요양을 하고 와도, 절에 가서 불공을 드리고 와도 소용없었다.

"단종을 지키려다가 죽은 수많은 사람들의 원혼이 전하 곁을 맴돌며 괴롭히고 있는 거래."

"단종의 어머니 현덕왕후가 전하의 꿈에 나타나 침을 뱉은 후부터 종기와 부스럼이 나기 시작했대. 의경세자도 현덕왕후의 저주로 죽은 거고."

궁녀와 내관들은 쉬쉬하며 수군거렸나.

정희왕후는 문득 갓 스무 살의 나이로 갑작스레 세상을 떠난 큰아들 의경세자를 떠올렸다. 계유년의 난이 끝난 후 이제 좀 숨을 돌리나 하던 때에 느닷없이 닥친 슬픔이었다.

"모두가 다 나의 업보란 말인가?"

정희왕후는 틈만 나면 절을 찾아가 억울하게 세상을 떠난 사람들을 위해 엎드려 절하며 불공을 드렸다. 세조도 월정사, 상원사, 수덕사를 찾아가 불공을 드리고 불경을 펴내며 용서를 빌었다. 하지만 세조의 병은 더욱더 깊어만 갔다.

그러던 어느 날, 세조가 조금 나아지는 듯 보이자 정희왕후가 넌지시 물었다.

"전하, 신첩*은 가끔 명례방 사가에서 살던 때가 그립사옵니다. 의경세자랑 의숙, 황, 세 아이들과 오순도순 정답게 살던 그때가 말이옵니다."

"나도 그때가 그립구려. 잠저*에 살며 가까운 사람들과 거나하게 술을 마시고, 가야금을 타던 그 시절이 말이오."

"전하, 그럼 오늘 신첩과 한번 가 보시렵니까?"

* 신첩(臣妾) : 여자가 임금을 상대하여 자신을 낮추어 이르던 말
* 잠저(潛邸) : 임금이 된 사람이 임금이 되기 전의 시기, 또는 그 시기에 살던 집

정희왕후는 모처럼 들뜬 마음으로 세조와 함께 명례방 사가로 향했다. 가마에서 내려 사가로 들어서자 준비하고 있던 하인이 일행을 맞아 주었다.

정희왕후와 세조는 사가를 둘러보며 오랜만에 웃음꽃을 피웠다. 한참을 걷던 세조는 대청마루에 앉아 뜰을 내려다보며 눈시울을 붉혔다.

"중전, 참으로 좋구려! 오길 잘했구려, 잘했어."

세조의 두 뺨으로 뜨거운 눈물이 주르르 흘러내렸다.

"그동안 내가 모두에게 너무 많은 죄를 지었구려……."

"전하, 저기 저 연못가에서 물고기를 보며 웃던 우리 의경세자 모습이 떠오르네요."

정희왕후도 의경세자를 떠올리며 눈물지었다.

사가에 다녀와서도 세조의 병세는 좀처럼 나아지지 않았다. 세조는 모든 걸 내려놓은 듯 세자 황에게 나랏일을 맡겼다.

며칠 후 정희왕후는 힘없이 누워 있는 세조에게 말했다.

"전하, 이제 무거운 짐을 다 내려놓으셨으니 신첩과 함께 오래오래 편히 지내시어요."

정희왕후는 힘없이 누운 세조의 손을 따스하게 잡아 주었다. 하지만 얼마 후 세조는 이제 할 일이 다 끝났다는 듯 조용히 눈을 감았다.

'전하, 부디 저세상에서는 편히 지내시어요.'

정희왕후는 슬픔 속에서 조용히 세조를 떠나보냈다.

세조의 뒤를 이어 둘째 아들 황이 왕위에 올라 예종이 되자 정희왕후는 대비가 되었다. 임금의 아내에서 이젠 임금의 어머니가 된 것이다.

"황아, 부디 아바마마의 뜻을 이어받아 이 나라 조선을 잘 다스려 다오."

정희왕후는 눈물을 삼키며 말했다.

그 후, 정희왕후는 세조가 묻힌 광릉 근처에 있는 절을 즐겨 찾았다. 그리고 절을 고쳐 지어 이름을 봉선사라고 한 후 세조와 세조 때문에 억울하게 세상을 떠난 사람들을 위해 부처님께 불공을 드렸다. 궁궐에서 봉선사까지 가는 길은 멀고도 험했지만 정희왕후는 조금도 힘들어하지 않았다.

"별아, 여길 오면 마음이 편안하구나. 마치 저 주엽산(지금의 죽엽산) 자락에 계신 전하와 이야기를 하는 기분도 들고."

정희왕후는 봉선사 뜰에 서서 멀리 세조가 묻힌 광릉을 바라보았다.

"대비마마, 어서 들어오셔서 차를 드시어요."

"오냐, 그러자꾸나."

정희왕후는 별이를 따라 방으로 들어갔다. 절 마당에 있는 연못에 활짝 핀 연꽃들이 보였다.

'전하뿐 아니라 죽은 모든 사람들이 진흙 속에서도 피어나는 저 연꽃들처럼 다시 태어나 못다 한 삶을 살았으면.'

정희왕후는 간절히 빌었다.

## 갑작스러운 예종의 죽음

정희왕후는 이제 모든 게 순조롭기를 바랐지만 불행은 끊이지 않았다.

"앗, 저기 저 하늘 좀 보게나. 붉은빛을 띤 혜성이 떨어지고 있잖은가?"

"저런 불길한 징조가 나타나다니!"

신하들은 겁에 질린 채 꼬리를 길게 늘어뜨려 떨어지는 혜성을 바라보았다. 혜성이 떨어지는 건 나라에 나쁜 일이 일어날 징조라고 여겼기 때문이었다.

'제발 아무 일도 일어나지 않아야 할 터인데…….'

궁녀들도 하늘을 올려다보며 속으로 빌었다.

하지만 모두의 바람에도 불구하고 날이 밝자 궁궐 안이 발칵 뒤집어지는 소식이 들렸다.

"대비마마, 크, 큰일 났사옵니다. 지금 전하께옵서, 전하께옵서 목숨이 위급하시다 하옵니다."

"뭐라? 대체 그게 무슨 말이더냐?"

정희왕후는 소스라치게 놀라 자리에서 벌떡 일어났다. 그간 예종의 건강이 좋지 않다는 건 알고 있었지만, 목숨이 위태로울 만큼 큰 병은 아니라고 여기던 참이었다.

정희왕후는 허둥지둥 경복궁 자미당으로 달려갔다.

"주상, 주상, 이게 어인 일이오? 이 어미가 왔는데 어찌 이리 누워만 있단 말이오? 어서 일어나세요, 어서!"

정희왕후는 예종의 손을 잡으며 안타깝게 소리쳤다. 하지만 이미 예종의 손은 차디찼다.

"어의는 무얼 하고 있느냐? 어서, 어서 전하를 살리지 못하겠느냐? 어서!"

정희왕후는 다급하게 외쳤다.

"대비마마, 아뢰옵기 황송하오니 전하께옵서는 이미……. 소인을 죽여 주시옵소서…….”

어의는 엎드려 울며 채 말끝을 잇지 못하였다.

"아아, 천지신명이시여! 어찌 이리도 저에게 가혹하신지요? 지아비가 떠나신 지 두 해도 되지 않아 어찌하여 아들마저 데려가신단 말입니까! 안 되오, 안 되오! 황아, 황아! 어서 눈 좀 떠 보거라, 어서! 으흐흐흑…….”

정희왕후는 차갑게 식은 아들을 껴안고 흐느껴 울었다. 보위에 오른 지 겨우 14개월이었다. 예종의 갑작스러운 죽음에 정희왕후는 가슴이 미어졌다.

하지만 어두운 얼굴을 하고 서 있는 신하들을 바라보니 이대로 슬퍼하고 있을 수만은 없다는 생각이 들었다. 또한 세상을 떠난 세조도 떠올랐다.

'그렇다. 마냥 슬픔에 겨워할 때가 아니다. 나는 꿋꿋이 살아남아서 이 나라를 태평성대로 이끌려 애썼던 전하의 뜻이 헛되지 않도록 왕실의 평안을 이어 가야만 한다. 그러려면 한시바삐 보위*에 오를 사람을 정해야 한다.'

왕위에 오를 후보자는 세 명이었다. 그중 첫 번째는 승하*한 예

* 보위(寶位) : 임금의 자리

종의 아들 제안군이었다. 하지만 제안군은 이제 겨우 네 살로 왕위를 이어받기엔 너무 어렸다. 임금이 어리면 신하들의 입김이 강해지고 자칫하면 단종 때와 같은 일이 또 일어날 수 있었다. 그다음은 의경세자의 아들인 월산군과 자을산군이었다.

'월산군은 열여섯 살이 되었으니 지금 당장 왕위에 올라도 아무 문제가 없는 나이이다. 하지만…….'

정희왕후는 세차게 고개를 저었다. 아무리 생각해도 월산군에겐 도와줄 만한 울타리가 없었다. 게다가 어려서부터 병치레를 자주 해 행여 또 예종처럼 건강이 나빠질까 염려되었다. 그렇다면 남은 건 이제 열세 살이 된 자을산군뿐이었다.

그때 문득 자을산군이 아버지 의경세자를 여의고 궁궐에서 자라던 다섯 살 때 일이 떠올랐다. 한여름 천둥번개가 치던 날, 세조의 신임을 얻던 환관 하나가 벼락을 맞고 안타깝게 죽었다.

"으아악!"

주변에 있던 사람들은 혼이 빠져서 놀라 도망을 갔다. 그런데 어

- 승하(昇遐): 임금이나 존귀한 사람이 세상을 떠남을 높여 이르던 말
- 환관(宦官): 조선 시대에, 내시부에 속하여 임금의 시중을 들거나 숙직 등의 일을 맡아보던 남자

린 자을산군은 두려워하면서도 침착하게 그 모습을 지켜보았다.

"마마, 두렵지 않으십니까?"

내관이 놀라 물었다.

"도망간다고 해결이 되느냐? 또 사람이 죽을 수도 있다. 벼락이 칠 때마다 도망갈 것이냐? 벼락이 어떻게 쳤는지, 벼락을 맞으면 어떻게 되는지 살펴보고 그걸 피할 방법을 찾아보려 하였다."

그 모습을 지켜본 세조가 칭찬을 아끼지 않았다.

"아직 어리지만 태조 임금님을 닮아서 그 기상과 학식이 아주 뛰어나겠도."

정희왕후의 마음은 어느새 자을산군 쪽으로 기울었다.

'열두 살의 단종에겐 자신을 돌봐 줄 할머니도 어머니도 없었지만 자을산군에겐 내가 있다. 그리고 어머니뿐만 아니라 방패막이가 되어 줄 장인 한명회도 있지 않은가.'

정희왕후는 자을산군이 왕이 된다면 다시는 피비린내 나는 권력 다툼 없이 이 나라 조선을 지켜 낼 수 있을 거라고 믿었다.

정희왕후는 눈물을 거두고 은밀하게 한명회를 불렀다.

"대비마마, 부르셨사옵니까?"

한명회의 쭉 째진 눈이 반짝였다. 정희왕후가 지금 아주 중요한 일로 자신을 부른다는 걸 알고 있었다.

"사돈, 지금 임금의 자리가 비어 있습니다. 조선의 안정을 위해서라도 당장 보위에 오를 사람을 정해야만 합니다. 누가 합당하다고 생각하시오?"

정희왕후는 날카로운 눈으로 한명회를 떠보았다. 한명회는 등에서 식은땀이 주르르 흘렀다. 정희왕후가 이미 답을 정해 놓고 은근히 물어보고 있다는 걸 알기 때문이었다. 한명회는 정신을 가다듬고 입을 열었다.

"대비마마께서 마음에 두고 계신 분이 누구신지요? 신은 누가 보위에 오르든 충심을 다해 보필할 것이옵니다."

"그게 정말이오? 나는 태조 임금님 때부터 이어져 온 이 나라 조선이 그 기틀을 더욱 단단히 다질 때라고 생각하오. 그러려면 경의 도움이 필요하오. 나는 자을산군을 보위에 올릴 생각이오. 경의 생각은 어떠하오?"

"대비마마, 참으로 감읍할 따름이옵니다!"

한명회는 자신의 막내딸과 혼인한 자을산군을 임금으로 삼는다는 말에 가슴이 벅차올랐다.

• 감읍(感泣)하다 : 감격하여 목메어 울다.

## 수렴청정을 시작하다

수많은 신하들이 경복궁 근정전으로 모여들었다. 갑작스러운 예종의 죽음으로 분위기는 그 어느 때보다도 썰렁하고 을씨년스럽기만 하였다.

정희왕후는 신하들을 바라보며 준비한 내용을 발표하였다.

"경들은 들으시오. 내가 생각하건대, 임금의 자리는 잠시라도 비울 수 없소. 나는 생각 끝에 자을산군을 다음 보위에 올리기로 정하였소. 자을산군은 세조께서도 매번 자질이 영특하고 그 담대함이 뛰어나다고 칭찬하시며, 조선을 세우신 태조 임금님과 비교하곤 하셨다오. 이에 대신들과 의논하니 모두 자을산군이 마땅하다 하여 자을산군에게 왕위를 잇도록 하겠소."
"성은이 망극하옵니다!"

신하들은 허리를 굽히며 입을 모아 외쳤다. 정희왕후는 아들을 잃고 슬픔에 빠져 있는 대신 조선의 안녕과 왕실의 안정을 생각했다. 그래서 1469년 11월 28일, 예종이 세상을 떠난 지 채 하루도 지나지 않아 자을산군을 조선 제9대 임금 성종으로 세웠다. 이제 정희왕후는 임금의 아내에서 임금의 어머니를 거쳐 임금의 할머니가 되었다.

"대왕대비마마, 주상의 보령*이 아직 어리니 마마께옵서 곁에서 돌봐 주셔야만 하옵니다."

한명회, 신숙주가 정희왕후에게 넌지시 수렴청정을 청하였다. 수렴청정은 나이 어린 세자가 임금이 되었을 때 어머니나 할머니가 임금을 도와 나랏일을 보던 제

* 보령(寶齡) : 임금의 나이를 높여 이르는 말

도였다.

"그게 무슨 말이오. 나는 나라를 다스릴 만큼의 학식도 경험도 부족한 사람이오. 나보다는 임금의 어미가 마땅하다고 여겨지오. 나는 글을 모르지만 며느리는 한문에도 능통하니 나보다는 적임자라고 생각하오."

정희왕후는 진심으로 거절하였다. 나랏일을 보려면 한문으로 된 모든 문서들을 읽어야 하는데 한문에는 까막눈이기 때문이었다.

"그건 아니 되옵니다. 궁궐의 웃어른이 계시온데 어찌 그 아래 분에게 수렴청정을 맡기오리까?"

한명회를 비롯한 신하들은 의견을 굽히지 않았다. 세조가 수양대군 시절부터 중요한 일이 있을 때마다 정희왕후의 의견을 듣곤 했던 일이며, 누구보다 판단이 빠르고 지혜로운 모습을 가까이에서 보아 온 터였다.

"대왕대비마마, 명례방 사가를 드나들며 잠저 때의 수양대군마마를 모시던 그때처럼 저희가 진심을 다해 섬길 것이니 수렴청정을 윤허해˙ 주소서!"

한명회는 간곡하게 청하였다.

"경들의 뜻이 정 그렇다면 임금이 자라 스스로 나랏일을 볼 수 있을 때까지만 청정을 하리다."

정희왕후는 용기를 내어 대신들의 의견을 받아들였다. 그러고는 자신을 도와줄 신하들을 꾸렸다.

하지만 정희왕후에게는 한 가지 해결해야 하는 일이 있었다. 그건 대신들이 올린 한문 문서를 다시 한글로 바꿔서 읽을 방법을 찾는 일이었다. 그러려면 한글과 한문에 능통한 총명한 궁녀가 필요했다.

그때 마치 정희왕후의 걱정을 알기라도 한 듯 별이가 조심스레 말했다. 궁에 들어온 지 어언 십 년이 넘어 별이도 이젠 제법 어엿

˙윤허(允許)하다 : 임금이 신하의 청을 허락하다.

한 궁녀가 되어 있었다.

"대왕대비마마, 상궁 조두대를 부르심이 어떠신지요? 조두대는 궁녀들 중에서 제일 학식이 높다 들었나이다. 언문*, 한문 모두에 능통하고요. 소녀도 장차 조두대처럼 학식이 높은 궁녀가 되고 싶어 가끔 찾아가 글공부를 하고 있나이다."

"오호, 별아, 조두대가 가까이 있다는 걸 내 미처 깨닫지 못하였구나. 그래, 조 상궁만 있다면 아무 문제가 없을 게다."

정희왕후는 당장 조두대를 불러오라 일렀다.

"대왕대비마마, 저를 찾으셨사옵니까?"

소식을 들은 조두대가 달려와 정희왕후에게 공손하게 문안을 올렸다.

"오냐, 내 오늘 널 부른 건 특별히 부탁을 하기 위해서니라. 내가 수렴청정을 하는 동안 네가 모든 문서를 언문으로 고쳐서 나에게 올려 줄 수 있겠느냐?"

"마마, 부족하오나 제가 성심껏 보필하겠나이다."

조두대는 엎드려 절하였다.

정희왕후는 그제야 안심이 되었다. 조두대는 세종이 한글을 만

* 언문(諺文) : 예전에, '한글'을 이르던 말

들 때도 세종의 아들 광평대군과 함께 곁에서 도울 정도로 한글과 한문은 물론 범어˙, 이두˙ 문자까지 읽고 쓸 줄 알 만큼 영특했다. 또한 정희왕후는 궁녀들이 쓰는 궁체를 만든 장본인이 조두대라는 것도 마음에 들었다.

"조 상궁, 이제 너를 나의 서사˙ 상궁, 전언˙으로 삼겠노라."

정희왕후는 조두대에게 전언이라는 벼슬을 내렸다.

이제 수렴청정을 위한 모든 준비가 갖춰져 갔다. 하지만 정희왕후는 한 사람이 마음에 걸렸다. 성종의 어머니인 인수대비였다. 정희왕후는 인수대비를 불렀다.

"요즘 어찌 지내느냐? 자을산군이 임금이 된 후 문득문득 의경세자가 떠오르더구나. 너 또한 어찌 지아비가 그립지 않겠느냐? 게다가 임금의 어미인 대비가 수렴청정을 해야 마땅하거늘 내가 맡아서 서운하지 않으냐?"

---

˙**범어(梵語)**: 고대 인도의 표준 문장어로, 산스크리트어라고도 함. 불경이나 고대 인도 문학은 이것으로 기록되었음.
˙**이두(吏讀/吏頭)**: 한자의 음과 뜻을 빌려 우리말을 적은 표기법
˙**서사(書寫)**: 글씨를 베낌.
˙**전언(典言)**: 조선 시대에, 직속상관인 상궁의 감독을 받아, 왕의 명령을 전달하는 일과 왕에게 아뢰는 일을 맡아보던 벼슬

"대왕대비마마, 당치 않사옵니다! 저는 자을산군이 임금이 된 것만으로도 뿌듯할 뿐이옵니다. 그저 임금의 어미로서 본분을 다할 생각이옵니다."

인수대비는 힘주어 말하였다. 사실 인수대비는 처음엔 정희왕후가 수렴청정에 나서자 섭섭한 마음이 들었다. 자신은 세종이 한글을 만들 때도 곁에서 도왔고, 한문과 한글에 능통하고, 임금의 어머니이니 수렴청정을 할 자격이 충분하다 여겼다.

하지만 시간이 흐르면서 인수대비는 자신보다 정희왕후가 더 수렴청정의 적임자라는 것을 깨달았다. 자신은 여장부 기질도 없는 데다 일을 처리하는 능력도 정희왕후보다 부족하다고 느껴졌다. 인수대비는 잠시라도 수렴청정에 욕심을 낸 자신이 부끄러웠다.

"대비가 그리 생각해 주니 참으로 고맙구나. 우리 함께 힘을 합해 성종이 성군이 되도록 도와주자꾸나."

"네, 대왕대비마마!"

인수대비는 엎드려 절하였다.

# 호패법을 없애다

정희왕후는 창덕궁 보경당에서 하루를 시작하였다. 조두대가 올린 상소를 읽고 신하들과 의논한 후 담당 관리에게 명령을 내리라고 했다.

정희왕후는 어린 성종의 경연*에도 힘썼다. 세종이 태평성대를 이룰 수 있었던 것도 바로 집현전 학사들과의 경연 덕분인 것을 알고 있기 때문이었다. 경연은 훌륭한 임금이 되기 위해 꼭 필요한 공

●**경연(經筵)** : 조선 시대에, 임금이 학문이나 기술을 강론·연마하고 더불어 신하들과 국정을 협의하던 일. 아침 경연은 조강, 낮 경연은 주강, 저녁 경연은 석강이라고 함. 비정기적인 경연으로 낮에 하는 소대, 밤에 하는 야대가 있음.

부였다.

어느 날 정희왕후는 승정원*에 일러 하얀 병풍을 가져오도록 하였다. 그리고 홍문관* 경연관들에게 성종이 꼭 익혀야 할 글을 병풍에 써서 옆에 두도록 하였다.

"이렇게 하면 주상이 책을 읽지 않아도 오며 가며 저절로 눈에 익고 배울 수 있음이다."

그러던 어느 날 정희왕후는 원로대신들을 둘러보며 말했다.

"요즘 주상이 하루도 빠짐없이 조강, 주강, 석강은 물론 야대까지 하고 있다고 합니다. 참으로 대단하지 않소? 그러니 원로대신들도 그 자리에 나아가 가르침을 준다면 주상이 얼마나 더 힘이 나겠습니까?"

"저, 저희가 말이옵니까?"

원로대신들은 처음에는 잘못 들은 게 아닌가 하였다. 경연에 나가 앉아 있는 건 그야말로 고역 중의 고역이었다. 하지만 성종을 위한 일이라는 정희왕후의 말에 꼼짝없이 그리하겠다고 대답할 수밖

* 승정원(承政院) : 조선 시대에, 왕명을 전달하던 비서 기관
* 홍문관(弘文館) : 조선 시대에, 학문을 연구하고 주로 궁중의 학술 서적 관리와 왕에게 자문을 하는 역할을 하던 관청

에 없었다.

"지당하신 말씀이옵니다. 당연히 저희도 참석하겠나이다."

"고맙소. 경들이 곁에 있으니 내가 든든하오."

정희왕후는 하고 싶은 일이 있으면 거침없이 신하들을 움직였다. 모든 건 다 성종을 위해서였다. 행여 어린 임금이 학문에 소홀하지는 않을까, 몸이 상하지는 않을까 걱정이 되어서였다.

그러던 어느 날 밤, 정희왕후는 야대를 하고 있는 성종을 보러 갔다. 그런데 성종은 혼자 우두커니 뜰에 서 있었다. 시종들은 멀찌감치 서서 그런 성종을 안타깝게 지켜볼 뿐이었다.

"아니, 주상, 이러다 고뿔˙이라도 들면 어쩌려고 거기 계시옵니까? 어서 안으로 드시지요."

"할마마마, 이 밤에 어인 일이신지요?"

성종은 깜짝 놀라 정희왕후 곁으로 다가왔다. 그런데 성종의 얼굴이 그 어느 때보다 어두워 보였다. 전각으로 들어가 단둘이 마주 앉자 정희왕후가 걱정스레 물었다.

"주상, 무슨 일이라도 있는지요? 이 할미에게 어서 말해 보세요."

"할마마마, 두렵사옵나이다. 정말 겁이 나옵니다."

˙**고뿔** : '감기'를 일상적으로 이르는 말

성종은 잔뜩 겁에 질린 얼굴로 울먹였다.

"아니, 왜요? 뭐가 그리 두렵고 겁이 나신다는 겁니까? 혹시 누가 해코지를 할까 염려되시는 겁니까?"

정희왕후가 걱정스레 물었다.

"그, 그게 아니오라, 과연 소손이 이 나라를 위한 성군이 될 수 있을지, 소손에게 그런 자질이 있는 건지, 소손이 아니라 월산 형님이 보위에 올랐더라면 더 잘하시지 않았을지……. 모든 게 다 두렵사옵니다."

성종은 여전히 두려운 얼굴로 말했다.

"주상, 이리 가까이 오세요. 걱정하지 마세요. 이 할미가 옆에 있지 않습니까. 이 할미가 수렴청정을 맡은 건 주상을 지켜 주고자 함입니다. 주상이 어엿한 성군이 될 때까지 말이지요. 그러니 아무 걱정 마세요. 나쁜 일, 힘든 일, 골치 아픈 일은 이 할미에게 다 맡기시고, 주상은 그저 학문을 닦고, 경연에 힘써서 임금이 할 일을 배우면 되는 겁니다."

성희왕후는 성종을 품에 꼬옥 안아 주었다.

"할마마마, 할마마마!"

성종은 마침내 울음을 터뜨렸다. 너무나도 무거운 임금의 자리,

힘에 겨운 공부, 수많은 대신들의 눈 밖에 나지 않으려 애쓴 순간들이 떠올라서였다.

"그래요, 주상. 실컷 우세요. 이 할미가 다 받아 줄게요. 그리고 어서어서 어른이 되세요. 그러면 모든 게 다 잘될 겁니다. 암, 그렇고말고요!"

정희왕후는 어린 손자의 등을 하염없이 다독여 주었다. 그날 이후 정희왕후는 더욱더 성종을 따스하게 보살피고 이끌어 주었다.

그러던 어느 날, 조 상궁이 올린 문서를 읽던 정희왕후는 고개를 갸웃하였다.

"조 상궁, 여기 있는 모든 내용이 사실이란 말이냐? 진정 양반이 노비가 되려고 가짜 호패를 만든다는 것이냐?"

호패는 열여섯 살이 넘는 남자들이 지니고 다녔던 패로, 신분증명서였다.

"그렇사옵니다. 소인은 상소에 올라온 내용을 사실대로 옮겨 적었을 뿐이옵니다."

조 상궁이 머리를 조아리고 대답했다.

"모두 양반이 되지 못해 안달이거늘 어찌하여 거꾸로 양반이 노비가 되려 한단 말인가? 참으로 해괴한 일이도다."

정희왕후는 천천히 상소문을 다시 읽기 시작하였다.

상소는 가난한 양반이 군역•을 피하기 위하여 양반의 사노비가 되려고 호패를 위조했다는 내용이었다. 양반의 사노비가 되면 군역이 면제되기 때문이었다.

정희왕후는 호패 때문에 고통받는 백성들의 마음을 알 듯하였다. 양반 호패가 있으면 군역을 져야 했고, 양반이 아닌 척하기 위해 호패를 위조하거나 빌려줬다가 들키면 벌을 받으니 이러나저러나 백성들의 숨통을 조이는 제도였다.

다음 날, 정희왕후는 대신들에게 물었다.

"경들은 들으시오. 백성들이 호패 때문에 고통을 받으니 이 일을 어찌하면 좋겠소?"

"대왕대비마마, 호패법은 선왕 대에 만들어 차마 없앨 수가 없었나이다."

한 신하가 머리를 조아리며 대답했다.

"아무리 그래도 그 일로 백성들이 고통을 받는다면 옳은 제도가 아니잖소? 백성들이 더 이상 호패 때문에 고통당하지 않도록 군역

• **군역(軍役)** : 군대에 가야 하는 의무

이나 부역, 세금에 대해 다른 방도를 찾아 보면 되지 않겠소? 경의 생각은 어떠하오?"

정희왕후는 옆에 앉은 한 대신에게 넌지시 물었다.

"대왕대비마마의 뜻이 옳은 줄 아옵니다."

대신도 정희왕후의 의견에 맞장구를 쳐 주었다. 정희왕후는 대신들과 논의한 일을 모두 성종에게 일러 주었다. 대신들을 대하는 법도 가르치고 성종의 뜻을 묻기 위해서였다. 정희왕후는 그렇게 성종을 존중하며 성군이 되는 길로 이끌었다.

얼마 후 1469년 12월, 호패법을 없앤다는 방이 전국 방방곡곡에 나붙었다.

"아아, 늙은 부모를 두고 군역을 지면 어쩌나 늘 조마조마했는데 이젠 살았구나!"

"에그, 다른 이의 호패를 가지고 있다가 곤장을 맞고 병이 나 돌아가신 우리 아버지가 조금만 더 오래 사셨더라면!"

"이 모두가 대왕대비마마의 은덕일세! 대왕대비마마는 자애로운 할머니처럼 백성들의 어려운 마음을 헤아려 주신나니까!"

백성들은 모이기만 하면 정희왕후를 칭송하였다.

# 뽕나무를 심어라

추운 겨울이 지나고 궁궐 뜰에도 봄이 찾아왔다. 정희왕후는 시간 가는 줄 모르고 나랏일에 매달렸다.

그러던 어느 날, 가까운 외척이 찾아와 정희왕후에게 넌지시 말했다.

"대왕대비마마, 지금 훈구 대신들의 집 앞에는 전국 팔도에서 올라오는 진상품*들이 줄을 서 있다 하옵니다. 그들의 곳간에는 쌀과 비단은 물론 인삼이며 귀한 물품들이 차고 넘치도록 쌓여 있고요."

훈구 대신들은 세조 대부터 나라에 공을 세운 공신들이었다. 백

* **진상품(進上品)** : 임금이나 지위가 높은 관리에게 바치는 물품

성들은 먹을 게 없어서 배를 곯는데 공신들은 궁궐보다 더한 사치와 향락에 빠져 있기에 정희왕후는 깊은 생각에 잠겼다.

며칠 후, 정희왕후는 조용히 별이를 불렀다.

"오늘은 궐 밖으로 나가 백성들이 사는 모습을 직접 보고 싶구나. 그러니 그 누구에게도 얘기하지 말거라."

"대왕대비마마, 그러다 무슨 일이라도 당하시면 그, 그때는 어찌하시려고……."

별이가 놀라서 머뭇거렸다.

"정 그러시면 소인이 모시고 나가겠나이다. 행여 무슨 일이 있을지 모르니 몇몇 군사들도 따르게 하고요."

옆에 있던 김 상궁이 나서서 말했다.

"그건 안 된다. 그렇게 하고 나가면 백성들이 사는 모습을 제대로 볼 수 있겠느냐? 나는 그저 별이와 둘이 나들이 나온 할머니처럼 꾸미고 나갈 터이다."

정희왕후의 생각은 조금도 흔들림이 없었다.

정희왕후는 양반 아낙네가 입는 치마저고리를 입고는 별이와 힘께 창덕궁 쪽문을 빠져나왔다. 정희왕후는 호위무사 한 명이 아무도 모르게 두 사람의 뒤를 따르고 있다는 걸 알았지만 짐짓 모른 체

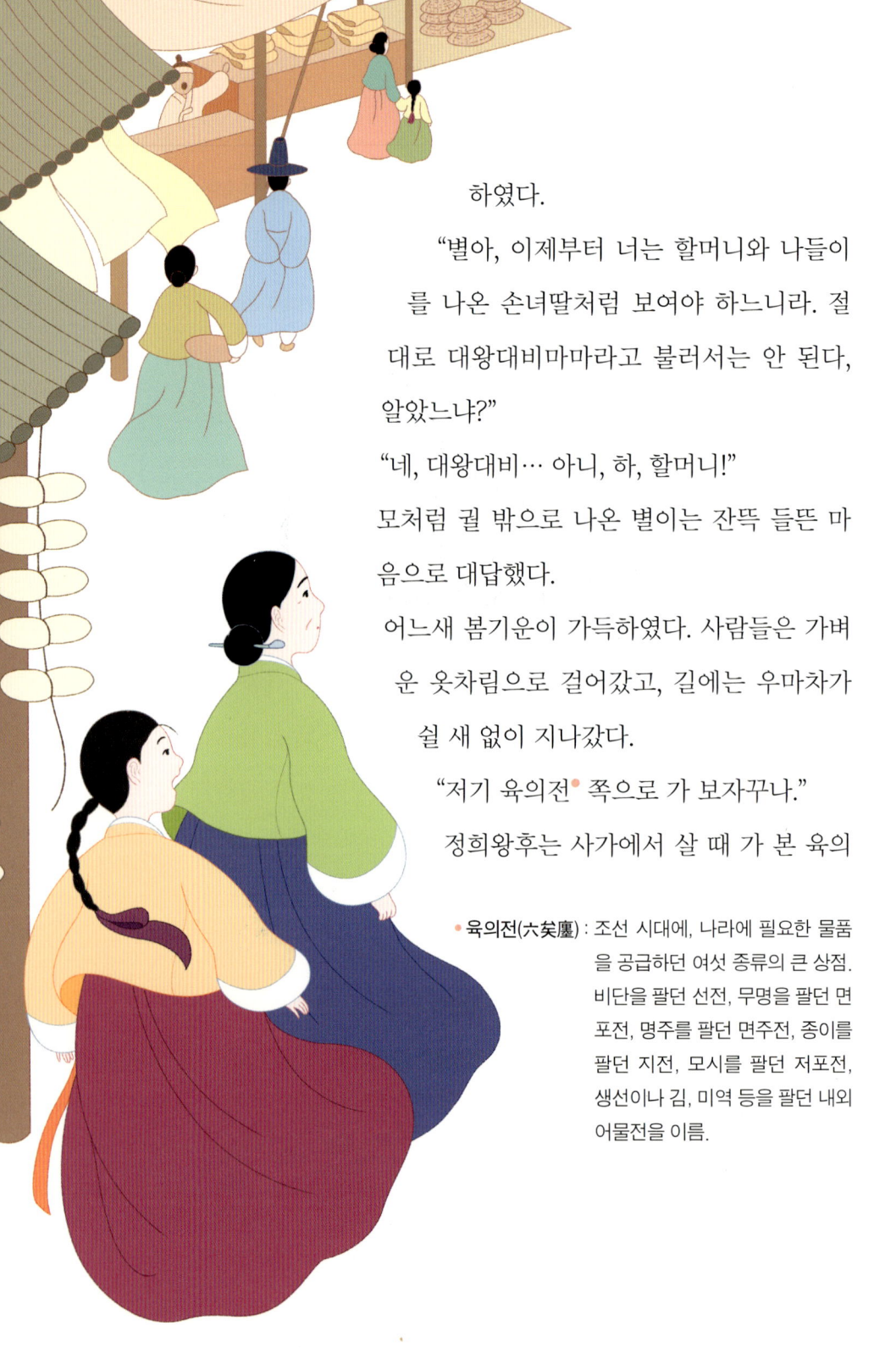

하였다.

"별아, 이제부터 너는 할머니와 나들이를 나온 손녀딸처럼 보여야 하느니라. 절대로 대왕대비마마라고 불러서는 안 된다, 알았느냐?"

"네, 대왕대비… 아니, 하, 할머니!"

모처럼 궐 밖으로 나온 별이는 잔뜩 들뜬 마음으로 대답했다.

어느새 봄기운이 가득하였다. 사람들은 가벼운 옷차림으로 걸어갔고, 길에는 우마차가 쉴 새 없이 지나갔다.

"저기 육의전 쪽으로 가 보자꾸나."

정희왕후는 사가에서 살 때 가 본 육의

• 육의전(六矣廛): 조선 시대에, 나라에 필요한 물품을 공급하던 여섯 종류의 큰 상점. 비단을 팔던 선전, 무명을 팔던 면포전, 명주를 팔던 면주전, 종이를 팔던 지전, 모시를 팔던 저포전, 생선이나 김, 미역 등을 팔던 내외어물전을 이름.

전을 떠올리자 어느새 발걸음이 빨라졌다. 창덕궁에서 육의전은 그리 멀지 않아 두 사람은 금세 사람들이 많이 모이는 운종가 육의전 쪽으로 들어섰다.

정희왕후는 사람들을 헤치며 가게들을 구경하였다. 그러다 비단을 파는 선전 앞을 지날 때였다.

"조심, 조심하여라. 안국방 김 대감 댁으로 갈 물건이니 조심해서 다뤄야 한다!"

주인은 몇 필인지 알 수 없을 만큼 많은 비단을 지게에 실으며 단단히 일렀다. 한눈에 보기에도 귀하고 화려한 옷감이었다.

"여보시오, 저 비단들은 모두 어디서 들여온 게요?"

정희왕후가 주인에게 물었다.

"왜, 비단 사시려우? 저건 명나라에서 들여온 아주 값비싼 비단이오. 웬만한 양반들도 비싸서 살 엄두를 내시 못한나오."

주인은 정희왕후를 아래위로 훑어보며 가소롭다는 듯 말했다.

"그럼 그렇게 값비싼 비단들은 대체 누가 산단 말이오?"

정희왕후는 짐짓 모르는 척 물었다.

"아, 요즘 난다 긴다 하는 대갓집에서 사지 누가 사겠소? 날이면 날마다 팔도에서 진상품들이 줄지어 올라오는데 이깟 비단값이 대수겠소? 그나저나 이 아주머니가 왜 이리 꼬치꼬치 묻는 게야? 안 사려면 저리 비키시오!"

주인이 눈살을 찌푸리며 비키라는 손짓을 하였다. 그 순간 멀찌감치 서 있던 호위무사가 달려오는 게 보이자 정희왕후는 얼른 손으로 다가서지 말라 일렀다. 그러고는 주인을 보며 다시 또 물었다.

"주인 양반, 어찌하여 우리 조선 사람들이 이 비싼 명나라 비단을 산단 말이오? 조선에서 만든 비단이 그리도 질이 떨어진단 말이오?"

"아이고, 뉘 댁 부인이신지 참 답답하오. 아, 우리 조선에서 만든 비단은 질도 떨어지고 생산량도 많지 않으니 명나라에서 들여오는 거 아니오? 사지도 않을 거면서 웬 궁금한 건 그리 많은지. 어서 나가시오, 어서!"

주인은 이제 대놓고 정희왕후를 푸대접하였다. 그때 한 부인이 정희왕후를 아래위로 쳐다보며 비웃듯 말했다.

"한양에서 떵떵거리고 산다는 대갓집에서는 모두 명나라 비단으로 지은 옷을 입는다오. 호호, 하긴 뭐 형편이 안 되면 저쪽으로 가 보시오. 거기 가면 면주전도 있고, 면포전도 있으니 말이오."

"아니, 아, 아줌마, 지금 무슨 소리를 하는 거예요. 우리 대, 대왕… 아니 할머니가 어떤 분인 줄 알고!"

별이가 옆에서 빽 소리를 질렀다.

"뭐? 아, 아줌마라니! 내가 누군 줄 알고 함부로 입을 놀리는 거야? 우리 홍 대감이 알았다간 너는 쥐도 새도 모르게 잡혀가 곤장을 맞을 게다!"

여자는 불같이 화를 냈다. 그러자 정희왕후가 나섰다.

"홍 대감이라면 홍윤성 대감을 말하는 거요? 내가 그 댁 마님을 잘 아는데 댁은 처음 보는 얼굴이외다. 옳아, 이번에 첩˙을 들였다더니 바로 댁이로군! 그럼 그렇지. 그 댁 마님이라면 절대로 이리 천박하게 굴진 않을 텐데. 별아, 가자!"

정희왕후는 얼굴이 빨개진 채 아무 말도 못 하고 서 있는 여자를 뒤로하곤 가게를 나섰다. 그리고 무거운 마음으로 면포전, 저포진, 지전을 둘러보며 백성들이 사는 모습을 눈여겨보았다.

˙**첩(妾)** : 정식 아내 외에 데리고 사는 여자

궁궐로 돌아온 정희왕후는 며느리 인수대비와 함께 차를 마시며 말했다.

"대비, 요즘 장안의 대갓집 부녀자들은 모두 비단옷을 즐겨 입는다지? 그 많은 비단을 명나라에서 들여오려면 얼마나 많은 대가를 치러야 하겠느냐?"

"대왕대비마마, 은이나 금, 인삼을 가져가서 비단으로 바꿔 오는 것인데, 그 물량을 헤아릴 수 없다 하옵니다."

인수대비는 마치 그것이 자기 잘못이라도 되는 양 고개를 숙이고 대답하였다.

"우리 조선이 지금보다 더 많은 비단을 짤 수 있다면 좋으련만."

정희왕후는 안타까운 듯 말했다. 그러다가 무언가 생각난 듯 목소리를 높여 말했다.

"옳지, 사가에서 살 때 보니 누에고치에서 비단실을 뽑아내더구나. 그렇다면 우리 조선에서도 더 많은 뽕나무를 심고, 더 많은 누에를 쳐서• 고치를 만들면 되지 않겠느냐? 누에를 치는 건 땅이 없어도 되는 일이니 아녀자들이 살림을 하면서도 짬짬이 할 수 있을 테고."

•**치다** : 가축을 기르다.

"대왕대비마마, 하오나 백성들이 먹고살기 바빠서 누에를 치려 할지 의문이옵니다."

인수대비는 조심스레 말했다.

"백성들이 짠 비단을 나라에서 제값 주고 사면 되지 않겠느냐? 명나라에다 비싼 값을 치르고 가져오느니 내 나라 내 백성들을 잘 살게 해 주고 싶구나."

"참으로 지당하신 말씀이옵니다, 대왕대비마마."

인수대비의 얼굴에 웃음이 감돌았다.

다음 날, 정희왕후는 조정 대신들에게 말했다.

"명나라에서 비싼 비단을 사 올 것이 아니라 조선 방방곡곡에 뽕나무를 심고, 누에를 기르도록 하면 어떻소? 아녀자들이 누에를 쳐서 비단을 짜기만 한다면 살림살이에 보탬이 되지 않겠소?"

"대왕대비마마의 뜻대로 신들이 의논을 하겠나이다."

신하들은 머리를 조아려 대답했다. 그리고 영안, 평안, 황해도에

대대적으로 목화밭을 만들고, 경상도, 전라도에 뽕나무 종자를 심게 하였다.

"어찌 백성들에게만 수고로움을 끼치게 하겠는가? 창덕궁 후원에도 뽕나무 종자를 심어 기르도록 하시오. 그리하여 장차 그 뽕나무가 자라면 왕실에서도 왕비가 앞장서서 누에를 칠 수 있는 잠업˙ 행사를 하도록 하시오."

정희왕후는 앞날을 내다보고 말했다. 구중궁궐에 있는 왕비와 후궁, 빈들이 앞장서서 양잠 행사를 한다면 백성들도 그걸 본받으리라 여겼기 때문이었다.

"대왕대비마마는 여걸 중의 여걸이시오. 안 그렇소?"

"하하, 그렇고말고요!"

신하들이 궁궐을 나서며 서로 이야기를 주고받았다.

˙**잠업(蠶業)** : 누에를 치는 사업

## 억울한 사람이 없게 하라

정희왕후는 육의전 나들이를 다녀온 후 더욱 생각이 많아졌다. 백성들이 사는 모습을 직접 보고 오니 그들의 고통이 무엇인지 알게 되었다. 그건 대신들이 건네주는 문서로는 느낄 수 없는 생생한 모습이었다.

"별아, 오늘도 나하고 바깥나들이를 가자꾸나."

정희왕후는 벼루에 먹을 갈고 있던 별이를 보며 웃음을 머금은 채 말했다. 지난번 선전에서 만난 홍 대감 첩을 향해 땅벌처럼 쏘아 붙이던 모습이 떠올라서였다.

"네, 대왕대비마마!"

별이는 어느새 먹을 가지런히 옆에 놓고는 자리에서 일어났다.

"옳지, 오늘은 아예 여염집* 아낙네 차림으로 나가야겠구나. 김 상궁, 어서 준비를 해 오너라."

정희왕후는 두 번째 미행*에 나섰다. 무명 치마저고리 차림새였다. 머리에도 온갖 화려한 떨잠*이나 뒤꽂이*, 비녀 대신 달랑 나무 비녀 하나만 꽂았다.

"별아, 어떠냐? 영락없이 촌부*처럼 보이지 않느냐?"

"예, 아무도 대왕대비마마라는 것을 못 알아볼 것입니다. 소녀도 예전으로 돌아간 듯하옵니다."

별이는 평소와 다르게 무명 저고리에 잿빛 치마를 입은 게 영 어색했다. 하지만 마음만은 하늘처럼 높은 대왕대비마마와 나들이를 간다는 걸 사람들에게 마구 자랑하고 싶을 만큼 우쭐하였다.

"대왕대비마마, 오늘은 어느 쪽으로 갈까요?"

- **여염(閭閻)집** : 일반 백성이 살던 살림집
- **미행(微行)** : 지위가 높은 사람이 무엇을 몰래 살피기 위해 남루한 옷차림을 하고 남모르게 다니는 것
- **떨잠** : 머리꾸미개의 하나
- **뒤꽂이** : 쪽을 찐 머리 뒤에 덧꽂는 장식품
- **촌부(村婦)** : 시골에 사는 여자

"오늘은 광통교 쪽으로 좀 가 보고 싶구나."

정희왕후는 잔뜩 들뜬 마음으로 잰걸음을 옮겼다.

창덕궁을 나와 천천히 광통교에 이르자 참빗, 가죽신, 짚신 등을 파는 난전◦이 열리고 있었다.

'아, 얼마 만에 와 보는 광통교란 말인가!'

정희왕후는 열한 살 어린 나이에 광통교에 다리밟기하러 나왔다가 세조와 처음 만났던 일을 떠올리자 저절로 가슴이 두근거렸다. 정희왕후는 천천히 광통교 위로 걸어갔다.

'내가 대군마마를 처음 만난 곳이 바로 여기쯤이었지. 아, 그날 이후 참으로 많은 세월이 흘렀구나.'

정희왕후는 마치 댕기머리를 드린 열한 살 여자아이로 돌아간 듯 그때를 떠올렸다. 광통교 아래로 흐르는 맑은 청계천에서는 아이들이 빨래하는 엄마 곁에서 물수제비를 뜨며 노는 게 보였다. 평화로운 모습이었다.

정희왕후는 다시 또 걸음을 옮겼다. 그러자 이번에는 그림과 글씨를 파는 난전이 주욱 늘어서 있는 게 보였다. 궁궐에서 보던 〈일월오봉도〉나 모란 병풍처럼 화려하진 않아도 백성들이 사는 모습

◦ 난전(亂廛): 조선 시대에, 나라에서 허가한 시전 상인 이외의 상인이 하던 불법적인 가게

이 고스란히 담긴 그림들이 정겹기만 하였다.

한참을 돌아다니던 정희왕후가 별이를 보며 물었다.

"별아, 우리 쉬어 갈 겸 저기 저 국밥집에서 국밥 한 그릇 먹고 가련?"

"우아, 맛있겠어요!"

별이는 마당에 놓인 큰 가마솥에서 펄펄 끓는 고깃국 냄새를 맡자 군침이 돌았다. 정희왕후와 별이는 국밥집 안으로 들어가 국밥 두 그릇을 시켰다.

"어서 맛있게 먹으렴. 이런 푸짐한 국밥을 보니 저절로 입맛이 도는구나."

정희왕후는 서둘러 뚝배기 안에 든 국밥을 한 숟가락 가득 입안에 떠 넣었다. 그렇잖아도 잔뜩 배가 고팠던 별이도 그 옆에서 허겁지겁 국밥을 먹기 시작하였다. 그때 옆자리에 앉은 남자가 땅이 꺼지게 한숨을 내쉬는 소리가 들려왔다.

"내가 정말 힘들어서 못 살겠네. 아, 글쎄 입에 풀칠할 게 없어서 지난해 장리소˙에서 쌀 한 섬을 빌렸는데 이자가 어찌나 높은지 두

˙ 장리소(長利所) : 조선 전기에 왕실 재정을 확보하기 위해 돈·곡식 등을 빌려주고 이자를 받던 기관

섬으로 불어났지 뭔가."

"여보게, 나도 지금 죽을 지경일세. 어머니 장례 때 장리소에서 빌린 삼베 두 필이 이자가 점점 불어나 네 필이 되었다네."

"장리소는 상감마마의 곳간을 책임지는 내수사 소속이 아니던가. 나라에서 가난한 백성들에게 곡식과 옷감을 빌려주면서 꼭 그렇게까지 높은 이자를 받아야 한단 말인가."

남자들은 탁주를 들이켜며 한숨을 푸욱 내쉬었다.

내수사는 궁중에서 쓰는 미곡, 포목, 잡화 등은 물론 왕실의 재산과 토지, 노비들을 관리하는 기관이었다. 그런데 장리소에서 백성들에게 돈이나 곡식, 옷감을 빌려주고 높은 이자를 받는다는 말에 정희왕후는 소스라쳐 놀랐다.

"별아, 이제 그만 돌아가자꾸나."

국밥을 반도 더 남긴 채 정희왕후는 어두운 얼굴로 일어섰다.

궁궐로 돌아와서도 정희왕후는 내내 마음이 답답하였다. 어린 성종을 도와 백성들에게 살기 좋은 세상을 만들어 주려 애썼건만

- 탁주(濁酒) : 우리나라 고유한 술의 하나로, 맑은술을 떠내지 아니하고 그대로 걸러 짠 술
- 미곡(米穀) : 쌀을 비롯한 갖가지 곡식
- 포목(布木) : 베와 무명을 아울러 이르는 말

아직도 백성들을 힘들게 하는 일이 많다는 걸 뼈저리게 느꼈다.

다음 날, 정희왕후는 성종과 원상•들이 있는 조정으로 나아가 말을 꺼냈다.

"경들은 지금 전국에 내수사에서 관리하는 장리소가 몇 개나 있는지 아시오?"

"그, 그건 잘 모르겠나이다."

한명회가 말끝을 흐렸다.

"대왕대비마마, 갑자기 장리소 이야기는 왜 꺼내시는지요?"

다른 신하가 조심스레 물었다.

"내가 알아보니 562개나 되는 장리소가 있더이다. 그리 많은 장리소를 둔 까닭이 무엇이겠소? 내수사에 있는 장리소를 통해 궁궐의 재산을 더 많이 불리려고 하는 게 아니오?"

정희왕후가 노기 띤 목소리로 따졌다.

"장리소에서 돈이나 물자를 빌린 백성들이 높은 이자를 갚지 못해 관아에 끌려가 고문을 당하고, 옥에 갇히고, 스스로 목숨을 끊는다고 들었소. 그러니 장리소를 줄이는 게 어떻겠소?"

정희왕후는 신하들을 물린 후 성종을 만나 넌지시 성종의 뜻을

• 원상(院相) : 조선 시대, 국정을 의논하기 위해 재상들로 구성된 임시 관직

물었다.

"대왕대비마마, 아무리 좋은 의도로 시작하였어도 백성들에게 고통을 주는 일이라면 과감하게 정리해야 한다고 생각하옵니다."

"주상이 이 할미와 같은 생각이라고 말해 주니 마음이 놓이는군요."

다음 날, 정희왕후는 지엄한 목소리로 분부를 내렸다.

"대신들은 내수사의 장리소 문제를 당장 해결하도록 하시오!"

얼마 후 정희왕후는 전국에 562개나 되던 장리소를 237개로 줄였다는 보고를 받았다.

'이제 백성들이 좀 편안해지면 좋으련만.'

정희왕후는 국밥집에서 본 남자들의 이야기를 떠올리며 마음으로 빌었다. 정희왕후는 그 이후에도 몇 번이나 더 별이를 데리고 미행에 나서곤 하였다.

그러는 사이 세월은 흘러 청정을 시작한 지도 벌써 몇 해가 흘렀다. 어느 날 정희왕후는 성종을 불러 말했다.

"주상, 할미가 요즘 들어 몸이 몹시 고단합니다. 그러니 당분간 주상이 신하들과 나랏일을 보세요. 주상이 이리 늠름한 청년이 되었으니 이제 할미는 뒷전에 앉아 잠시 쉬어도 되겠지요?"

"할마마마, 당치 않사옵니다. 소손은 할마마마가 안 계시면 불안하여 나랏일을 볼 수가 없나이다."

성종은 어린아이처럼 응석을 부렸다.

"호호! 주상, 엄살이 너무 심하십니다. 그런 소리 말고 당분간만 이 할미 좀 쉬게 해 주세요. 할미가 이러다 아예 큰 병이 들어 드러눕기를 바라시는 겁니까?"

정희왕후는 일부러 더 어깃장을 놓았다.

"할마마마, 그럼 며칠 동안만 소손이 혼자 일을 보겠나이다. 그러니 어서, 어서 쾌차하시옵소서."

성종은 화들짝 놀라 고집을 꺾었다.

"그래요, 주상. 이젠 주상 혼자 대신들 앞에 나서도 까딱없어요. 세상을 보는 눈도 넓어지고, 학문도 높아지고, 대신들을 대하는 것도 아주 의젓해졌어요. 그러니 안심하고 주상의 뜻을 펼치세요. 대신들의 눈치 따윈 보지 말고 마음껏 말이오!"

성종의 능력을 시험해 보고 싶었던 정희왕후는 꾀병을 부려 성종 혼자 정치를 펼칠 기회를 만들었다. 물론 정희왕후의 생각대로 성종은 꿋꿋하게 나랏일을 잘 돌보았다.

## 정순왕후와 경혜공주의 가족을 보살피다

"으으윽!"

정희왕후는 깊은 밤 악몽을 꾸다 깨어났다. 온몸이 땀으로 흥건하였다.

"대왕대비마마, 괜찮으시옵니까? 옷이 모두 젖었으니 새 옷으로 갈아입으시어요!"

별이가 놀라서 달려왔다.

"아, 아직도 내가 받아야 할 벌이 남아 있단 말이더냐. 의경세자가 하루아침에 세상을 떠나고, 세조께서 오랜 세월 피부병으로 시달리다 승하하시고, 그 뒤를 이어 예종마저 왕위에 오른 지 14개월

만에 눈을 감았건만 아직도……."

정희왕후는 탄식을 하였다. 시간이 날 때마다 절에 가서 부처님께 빌며 불공을 드리고 용서를 빌고 또 빌었지만 마음의 고통은 수그러들지 않았다. 정희왕후는 무엇보다 단종의 누이 경혜공주가 늘 마음에 걸렸다.

세조가 왕위에 오른 후, 경혜공주의 남편 정종은 단종 복위 운동에 나섰다가 죽임을 당했다. 그 후 경혜공주를 돌보는 사람이 없는

걸 안 정희왕후는 세조에게 간청하였다.

"전하, 아무리 죄인의 아내라 하여도 경혜공주를 저리 박대하는 건 옳지 않사옵니다. 부디 살펴 주소서."

"경혜공주는 어릴 때부터 내가 어여삐 여기던 조카라오. 내 마음도 편치 않구려."

세조는 영의정 정창손, 좌의정 신숙주, 우의정 권남을 숭문당으로 불러 의논하였다.

"비록 정종은 죄인이나 경혜공주는 내 형님의 소중한 딸이니라. 집과 땅, 노비를 하사할 터이니 그리 알라."

세조는 경혜공주가 아이들과 편히 살도록 해 주었다.

그러던 어느 날이었다. 경혜공주가 갓 낳은 딸과 아들을 데리고 다시 정희왕후를 찾아왔다.

"중전마마, 부디 제 아이들을 맡아서 키워 주십시오. 저는 절에 들어가 먼저 떠난 남편을 위해 불공을 드리며 살고 싶습니다."

경혜공주는 눈물을 뚝뚝 흘리며 부탁하였다.

"알겠네. 내가 어찌 공주의 마음을 모르겠나. 내가 잘 키워 줄 터이니 부디 마음 편히 지내기를 바라네."

정희왕후는 단종의 조카이자 경혜공주의 자식인 두 아이를 데려

다가 손자들과 함께 잘 키워 주었다.

'이렇게 해서라도 우리가 지은 죄를 갚을 수만 있다면 천 번 만 번 하리라. 경혜공주, 모든 걸 잊고 부디 편히 지내게.'

정희왕후는 눈시울을 붉히며 경혜공주의 편안함을 빌었다.

얼마 후 정희왕후는 김 상궁에게 단종비 정순왕후 송씨의 안부를 물었다.

"그래, 송씨 부인은 지금 어찌 지내고 있느냐?"

"네, 지금도 날마다 근처 동망봉에 올라 노산군의 능이 있는 영월 쪽을 바라보고 슬피 울며 절을 올린다고 하옵니다."

"그리 생이별을 했으니 얼마나 그립겠느냐."

정희왕후는 정순왕후를 떠올리자 마음이 저려왔다.

노산군으로 강등된 단종이 영월 청령포로 귀양 가던 날이었다. 청계천 영도다리까지 나아가 눈물로 이별을 한 정순왕후는 다시는 단종을 만날 수 없었다. 그 후 정순왕후는 비구니들이 모여 있는 동대문 밖 정업원에 들어가 옷감에 염색을 해서 번 돈으로 근근이 살고 있었다. 세조가 집과 식량 등을 내렸으나 끝내 받지 않을 만큼 송씨 부인은 분노에 가득 차 있었다.

"아무도 모르게 부족함이 없도록 잘 보살펴 드리도록 하여라."

정희왕후는 정순왕후가 궁궐에서 보낸 걸 받지 않는다는 걸 알고서는 몰래몰래 정업원으로 쌀이며 옷감 등 필요한 물건들을 보냈다.

정희왕후는 또 단종 복위 운동에 나섰다가 죽임을 당한 집현전 학사나 신하들의 자손들을 수소문해 벼슬을 주려 애썼다. 그리고 청년이 된 경혜공주의 아들 정미수에게도 돈녕부\* 직장\*이라는 벼슬을 내려 주었다. 그리 큰 벼슬은 아니었지만 이렇게라도 해서 경혜공주에게 미안한 마음을 덜고 싶었다.

"대왕대비마마, 역적의 아들에게 벼슬을 내리는 건 아니 되옵니다!"

"거두어 주시옵소서!"

몇몇 신하들이 머리를 조아린 채 반대하였다. 정희왕후는 그들을 물끄러미 바라보다가 단호하게 말했다.

"세조께서 승하하시기 전에 이미 그리 결정한 일이오. 정미수가 자라 어른이 되면 벼슬을 내리라 하시었소. 나는 그저 그 뜻을 받든

---

\* **돈녕부(敦寧府)** : 조선 시대에, 종친부에 속하지 않은 종친과 외척을 위해 설치되었던 관청과 그 부속 기관
\* **직장(直長)** : 조선 시대에 둔 종칠품 하급 벼슬

것뿐이오. 그러니 옳다, 그르다 하지 마시오!"

정희왕후는 얼음장처럼 차가운 목소리로 일렀다.

정희왕후는 신하들이 반대하더라도 옳다고 생각한 일에는 물러서지 않았다. 이번에도 반대를 하던 신하들은 정희왕후의 뜻을 꺾을 수 없었다.

"대왕대비마마, 성은이 망극하옵나이다!"

정미수는 눈물을 흘리며 절하였다. 그러고는 당장 어머니 경혜공주에게 달려가 그 사실을 알렸다.

"아들아, 앞으로 무슨 일이 생기더라도 부디 이 일 저 일에 휩쓸리지 말거라. 그저 묵묵히 네 아버지 몫까지 살아남아 이 나라의 충신이 되어 다오. 그게 이 어미의 바람이니라."

경혜공주는 뜨거운 눈물을 흘리며 당부하였다. 그리고 그해 겨울, 경혜공주는 아들 정미수와 딸을 두고 그만 세상을 떠나고 말았다. 그 후 정미수는 자식이 없는 정순왕후의 양아들이 되어 정순왕후를 극진하게 모셨다.

'부디 저세상에서는 마음 편히 지내게나.'

정희왕후는 경혜공주를 떠올리며 빌었다.

# 수렴청정을 끝내다

 정희왕후가 수렴청정을 시작한 지 어느새 6년째 되는 해였다. 그해 겨울, 조정은 익명서 사건으로 발칵 뒤집어졌다.

 '익명서라니? 혹시 누가 역모라도 계획하고 있다는 건가?'

 정희왕후는 놀란 나머지 등골이 오싹하고 가슴이 쿵쾅쿵쾅 뛰었다. 하지만 익명서의 내용은 역모가 아니었다. 강자평이라는 사람이 진주 목사가 된 건 모두 정희왕후의 친인척들과 측근들 덕분이라는 내용이었다.

 "그게 사실인가?"

• 목사(牧使) : 조선 시대에, 관찰사 밑에서 지방 행정 구역인 목(牧)을 다스리던 정삼품 문관

친인척들이 조정의 일에 나서지 못하도록 애써 왔던 정희왕후는 깜짝 놀랐다. 성종도 놀라 신하들에게 호통을 쳤다.

"당장 그 주모자를 찾아내거라. 만약 주모자가 자수를 하면 죄를 없애 주고, 함께 모의했던 자에겐 관직을 내려 주고, 주모자를 붙잡아 오거나 고발하는 자에게도 상을 내리겠노라!"

성종은 열세 살의 어린아이가 아닌 곤룡포가 잘 어울리는 청년이 되어 있었다. 어좌에 앉은 모습은 위엄이 가득하고 목소리는 정전을 울릴 만큼 우렁찼다. 성종은 할머니의 든든한 울타리 속에서 어느덧 어엿한 임금의 모습을 갖추었다.

"전하, 소신들이 부족하여 이런 일이 일어났으니 빠른 시일 내에 해결하겠나이다."

"전하, 망극하옵나이다!"

신하들은 잔뜩 긴장하여 엎드려 대답하였다.

얼마 후 조사를 마친 대신이 정희왕후를 찾아와 조심스레 말을 꺼냈다.

"마마, 최개지라는 자가 익명서를 붙였다고 하옵니다. 최개지

• 곤룡포(袞龍袍) : 임금이 입는 옷으로, 누런빛이나 붉은빛의 비단으로 지었으며, 가슴과 등과 어깨에 용의 무늬를 수놓았음.

가 노비 문제로 어떤 자와 다툼이 있었는데, 아뢰옵기 황송하게도…….”

대신은 말을 잇지 못한 채 쩔쩔맸다.

“어허, 당장 고하지 못하겠느냐?”

정희왕후가 목소리를 높여 추궁하였다.

“다툰 상대가 대왕대비마마의 친인척에게 뇌물을 써서 송사에서 이겼다고 하옵니다. 그리고 그 일을 꾸민 건 전언 조 상궁이고요. 그러자 분개한 최개지가 괴문서를 붙인 것이라 하옵니다.”

“뭐라? 그게 정말이더냐?”

정희왕후는 소스라쳐 놀랐다. 조두대가 사람들에게 뇌물을 받고 일을 해결해 주곤 했다는 거였다. 자신은 궁궐 안에 있으면서 궐 밖에 있는 조카를 이용하여 재물을 차곡차곡 챙기고 말이다.

뒤늦게 모든 걸 알게 된 정희왕후는 한동안 충격에서 벗어나지 못했다.

며칠 후 정희왕후는 마침내 큰 결심을 하고 승정원을 통해 자신의 뜻을 밝혔다.

“처음에 주상이 어리고 원로대신들이 내게 수렴청정을 해 줄 걸 간청하기에 차마 거절하지 못하고 받아들였다. 그 후 나는 모든 일에 조심하고 노력했는데 안타깝게도 내 친인척과 전언 조두대가 내 힘을 믿고 큰 잘못을 저질렀다. 이것은 내가 수렴청정을 하기에 일어난 일이니 모두 내 탓이다. 이제 주상이 어엿한 군주가 되었으니 청정을 그만두도록 하겠다."

정희왕후는 진심을 담아 자신의 뜻을 전하였다.

"대왕대비마마, 아니 되옵나이다!"

"어서 뜻을 거두어 주소서!"

조정 대신들은 모두 엎드려 청하였다.

"대왕대비마마, 소손이 여기까지 온 건 모두 할마마마의 은덕이옵나이다. 소손은 아직 더 배울 게 많으니 부디 저를 보살펴 주소서!"

성종도 놀라 간곡하게 청하였다. 정희왕후가 없었다면 높고 높은 임금의 자리까지 올라오지 못했을 거라는 걸 누구보다 잘 알고 있었다. 수많은 외척과 대신들이 승냥이처럼 노리는 임금의 자리를 굳건하게 지켜 낸 것도 모두 정희왕후가 방패막이가 되어 준 덕분이었다.

하지만 정희왕후는 한번 마음먹은 뜻을 굽히지 않았다.

'이만하면 되었다. 더 이상 청정을 하다간 도리어 주상의 앞길을

막는 노망난 할머니가 되고 만다. 물러설 때를 알고 떠나야 한다. 그게 바로 지금이다.'

그러자 몇 번이나 애타게 말리던 성종도 하는 수 없이 정희왕후의 뜻을 받아들였다. 1476년 1월 13일, 정희왕후는 7년여에 걸친 수렴청정을 끝냈다.

성종은 여러 대신들 앞에서 준비한 내용을 읽어 내려갔다.

"이번 정월 13일 대왕대비마마께옵서 '이제 주상이 나이가 들고 학문이 높아졌으니 나라의 모든 일을 혼자 맡아서 하라.' 하시는 말씀을 들었다. '제가 어찌 그걸 감당하오리까? 아니 되옵니다!' 하고 간청했지만 되지 않았다. 생각하건대 나라의 무거운 짐을 맡기어 수고롭게 하는 것도 도리가 아니므로 지금부터는 모든 나랏일을 짐 혼자 맡아서 하겠노라."

성종은 눈물을 글썽이며 말을 마쳤다.

"성은이 망극하옵니다!"

대신들이 입을 모아 외쳤다. 마침내 자신의 역할을 다 마친 정희왕후는 홀가분한 마음으로 대전을 나섰다.

얼마 후 성종이 정희왕후의 처소로 찾아왔다.

"할마마마, 절 받으소서! 소손을 이렇게 임금으로 만들어 수신

할마마마의 은혜를 결코 잊지 않겠나이다!"

성종은 정희왕후에게 큰절을 올렸다.

"그래요, 주상. 나는 이제 죽어도 여한이 없어요. 우리 주상을 어엿한 임금으로 만들었으니 말이오. 부디 이 나라의 성군이 되세요! 할미의 소원은 오직 그것뿐이랍니다."

정희왕후는 의젓하게 자란 성종을 보자 마음이 벅차올랐다.

'전하, 신첩이 참 잘했지요? 머잖아 제가 뒤따라가면 저를 칭찬

해 주실 거지요? 그래요, 우리 만나서 무거운 짐 다 내려놓고 홀가분하게 이야기해요. 그러니 그때까지 신첩을 기다려 주시어요. 꼭, 꼭 말이어요.'

정희왕후는 세조가 묻힌 광릉 쪽을 바라보며 속으로 읊조렸다.

그 후 무거운 짐을 다 내려놓은 정희왕후는 편안한 나날들을 보냈다. 그리고 나랏일에는 조금도 참견하지 않았다.

"별아, 세월이 흘러 너도 이제 나이가 들었구나. 그동안 내 곁에서 궁녀 노릇 하기 힘들지 않았느냐? 이제 여긴 너무 한가하여 지루할 터이니 다른 곳으로 옮겨 주련? 대전이나 중궁전으로 말이다."

어느 날 정희왕후는 다 큰 처녀로 훌쩍 자란 별이를 보며 넌지시 물었다.

"대왕대비마마, 어찌 저를 내치시려 하옵니까? 소녀는 마마를 모시며 얼마나 행복했는지 모르옵니다. 마음껏 글을 배우게 해 주시고, 마치 할머니처럼 너그러이 대해 주셨으니 말이옵니다. 그런데 어찌 다른 곳으로 가라고 하시옵니까? 저는 여기서 한 발자국도 나가지 않을 것입니다!"

별이가 눈시울을 붉히며 고개를 저었다.

"하하! 알았다, 알았느니라. 그럼 어서 책이나 읽어 다오."

"네, 마마!"

별이는 낭랑한 목소리로 책을 읽기 시작하였다. 보료\* 위에 비스듬히 누운 정희왕후는 지그시 눈을 감은 채 이야기 속으로 빠져들어 갔다.

* **보료** : 솜이나 짐승의 털로 속을 넣고, 천으로 겉을 싸서 선을 두르고 곱게 꾸며, 앉는 자리에 늘 깔아 두는 두툼하게 만든 요

## 온양행궁으로 떠나다

　세월이 흘러 정희왕후가 수렴청정을 그만둔 지 6년이 흘렀다. 그 사이 세조 때부터의 신하들도 하나둘 세상을 떠나고, 성종은 젊은 신하들과 새로운 세상을 열어 가고 있었다. 성종은 세조 때에 편찬하기 시작한 《경국대전》도 완성해 반포했다.

　"할마마마, 할바마마께서 꿈꾸셨던 일을 제가 해냈나이다!"

　성종은 칭찬을 받으려는 아이처럼 으스댔다.

　"오호호. 주상, 참으로 장하오!"

　정희왕후는 그저 뿌듯하기만 하였다.

　그런데 언제부터인가 정희왕후는 통 기운이 없었다. 삭은 나뭇

가지처럼 온몸이 마르고 입맛도 없었다. 그렇게 겨울이 지나 이제 막 새순이 돋기 시작하는 봄이 되었건만 정희왕후는 이상하게 점점 더 기력이 쇠하였다.

"할마마마, 내의원에 일러 몸을 더 보할 탕약을 올리라 하였나이다. 어서 기운을 차리시옵소서."

성종은 날마다 문안을 와서 정희왕후의 손을 잡으며 말했다.

"주상, 나랏일만 해도 바쁠 터이니 이제 할미 걱정은 마세요. 곧 괜찮아질 겁니다."

정희왕후는 믿음직스러운 성군이 된 성종을 바라보았다.

"할마마마, 지난날 소손을 위해 수렴청정을 하실 때의 여장부다운 그 기력은 어디로 가셨나이까? 어서 기운을 차리고 일어나시어 소손이 얼마나 일을 잘하나 지켜보셔야지요."

성종은 진심으로 말하였다.

"오호호. 주상, 그럼 이 할미에게 딱 한 가지 청이 있는데 들어주시렵니까?"

정희왕후가 빙긋이 웃으며 말을 꺼냈다.

"할마마마, 제가 이 나라의 지존°이옵니다. 할마마마가 원하시는

° 지존(至尊) : '임금'을 높여 이르는 말

거라면 그 무엇인들 못 들어드리겠나이까? 어서 말씀하시옵소서."

성종은 반가운 눈빛으로 재촉하였다.

"내가 너무 오래 궐 안에만 있었더니 바깥세상이 그립나이다. 지난날 전하를 따라 서너 번 갔던 온양행궁으로 나들이를 좀 다녀왔으면 합니다. 주상, 허락해 주실 거지요?"

"아니, 할마마마, 그, 그건 좀……. 봄이 왔다곤 하오나 아직 날이 춥사옵니다. 게다가 아직 기력도 쇠하시니 탕약을 드시고 난 후에……."

성종이 당황하여 말을 더듬자 정희왕후는 빙그레 웃었다.

"하하! 주상, 그리도 모르겠소? 내가 병이 난 건 이 궁궐이 너무 답답하여 그런 거외다. 훌훌 털고 일어나 세상 바람을 쐬고 오면 이 답답한 마음이 좀 풀릴 듯하여 청하는 거라오. 뜨뜻한 온천물에 몸을 담그면 아픈 것도 좀 덜할 테고요. 게다가 주상, 어쩌면 이게 이 할미의 마지막 나들이가 될지도 모르는 일이니 허락해 주세요."

정희왕후의 눈가에 눈물이 고였다.

"할마마마, 어찌 그런 말씀을 하시옵니까! 알았나이다. 할마마마께서 그리 원하시니 제가 들어드리지요. 하오면 할마마마, 대비마마 두 분과 함께 가시면 어떠실지요? 두 대비마마도 모처럼 바깥나들이를 하시고, 서로 길동무, 말동무 삼아 다녀오시면 소손도 마음을 놓을 수 있겠나이다. 어떠십니까?"

성종은 방 안에 함께 있던 어머니 인수대비와 예종비 인혜대비를 향해 넌지시 물었다.

"전하, 그렇게 해 주신다면 감읍할 따름이옵니다."

"대왕대비마마를 곁에서 모실 수 있으니 저희도 안심이지요."

인수대비와 인혜대비는 환하게 웃으며 기뻐하였다.

"호호, 두 며느리가 나와 함께 가 준다면 그보다 더 든든한 일이 어디 있겠느냐! 또 한평생 내 손발이 되어 준 별이도 갈 테니 아무 걱정 마세요."

인수대비와 인혜대비 그리고 성종을 보며 정희왕후의 얼굴에도 보름달처럼 환한 웃음이 감돌았다.


마침내 정희왕후가 두 며느리와 함께 온양행궁으로 떠나는 날이었다. 많은 궁녀와 신하, 군사들이 세 가마와 함께하는 긴 행렬이 만들어졌다.

"할마마마, 부디 몸성히 잘 다녀오소서!"

성종은 궐 밖까지 나와 가마가 떠나는 걸 지켜보았다.

"주상, 참으로 고맙소. 주상이 이 나라를 이리 든든하게 지켜 주니 이 할미는 그저 마음 편히 다녀오리다."

"할마마마, 그간 애쓰셨나이다. 부디 무거운 짐일랑 다 내려놓고 편히 쉬다 오소서."

성종은 늘 여장부처럼 당당하던 정희왕후의 쇠약해진 모습에 눈시울이 붉어졌다.

마침내 가마꾼들이 가마를 메고 창덕궁 돈화문을 나섰다. 정희왕후는 가마 창에 발•을 드리운 채 바깥을 내다보았다. 지나가던 백성들이 허리를 숙인 채 정희왕후 일행을 향해 예를 갖췄다.

가마가 운종가를 지나 숭례문에 이르자 수많은 백성들이 짐을

•발 : 가늘고 긴 대를 줄로 엮거나, 줄 등을 여러 개 나란히 늘어뜨려 만든 물건으로, 주로 무엇을 가리는 데 씀.

이고 지고 이리저리 분주하게 걸어가는 모습이 보였다.

'별이를 데리고 바깥나들이를 할 때가 엊그제 같건만.'

정희왕후는 가마 뒤에서 종종걸음으로 따라오는 별이를 보며 그때를 떠올렸다.

가마는 한강 나루를 지나 말죽거리를 향해 나아갔다. 한양에서 온양행궁까지는 이백사십 리에 이르는 머나먼 길이었다. 도중에 과천에서 하루를 묵고, 그다음 날은 수원, 그다음 날은 직산에서 하루를 묵어야만 하는 힘든 여정이었지만 정희왕후는 조금도 고단하지 않았다. 바라보는 것마다 새롭고 신기했다. 가슴이 탁 트이는 기분이었다.

마침내 나흘째 되는 날 정희왕후는 온양행궁으로 들어섰다. 백제 온조왕 때부터 알려진 온양온천은 그동안 몸이 아픈 수많은 왕들이 다녀갈 만큼 효험 있는 온천이었다. 한글을 만들고 늘 서책을 가까이하느라 눈병이 난 세종도 이곳을 즐겨 찾으며 행궁을 지은 것이었다.

"대왕대비마마, 어서 오시어요!"

행궁지기와 군사들과 궁녀들, 신하들이 정희왕후 일행을 맞아 주었다.

'아, 얼마 만에 여길 와 보는가!'

정희왕후는 울컥 눈물이 났다. 생전에 피부병으로 고생하던 세조를 따라 몇 번 왔던 기억 때문이었다.

"대왕대비마마, 어서 온물에 드시어요."

목욕 준비를 마친 별이가 정희왕후의 시중을 들어 주었다. 긴 여정을 끝낸 정희왕후는 그제야 따스한 물에 몸을 담갔다. 온갖 약재를 넣은 온천에 몸을 담그자 따스한 기운이 온몸으로 퍼져 기분이 좋았다.

정희왕후는 온양행궁으로 온 이후 눈에 띄게 몸이 가벼워지고 기분도 밝아졌다. 틈만 나면 별이를 앞세워 행궁 앞마당이며 행궁

밖 마을까지 나들이를 나갈 정도였다.

"별아, 이게 바로 세조 임금께서 세우신 신정비로구나."

신정비는 세조가 뜨거운 온천 옆에서 찬물이 나오는 걸 발견하고 신기해하며 세운 비석이었다.

"마마, 어서 제 손을 잡으시어요. 저기 마을 곳곳에 복숭아꽃, 살구꽃이 활짝 피었나이다."

"오냐, 그러자꾸나."

정희왕후는 별이 손을 잡은 채 천천히 마을을 둘러보았다. 백성들은 정희왕후에게 절을 올리며 기뻐하였다.

"우아, 대왕대비마마시래!"

"진짜? 어서 가 보자! 대왕대비마마! 옥체 강녕하시옵니까?"

아이들이 정희왕후를 보며 소리 높여 인사를 하였다.

"오냐오냐, 내 너희들을 보니 저절로 기분이 좋아지는구나. 애들아, 행궁으로 가련? 이 할미가 맛있는 약과를 주마."

"정말요? 야아, 신난다! 제가 손잡아 드릴게요."

"아이고, 기특도 하여라!"

아이들 손을 잡은 정희왕후는 그 어느 때보다 환하게 웃으며 행궁으로 들어섰다. 아이들은 정희왕후가 쥰 약과를 맛있게 먹었디.

온양행궁에 온 지 한 달쯤 지나서였다. 막 온천욕을 마친 정희왕후는 봄 햇살이 잘 드는 창가에 앉아 두 대비와 차를 마셨다. 그러다가 문득 자신도 세상을 떠날 날이 얼마 남지 않았다는 생각이 스쳤다.

"내가 부탁이 있느니라. 꼭 내 뜻대로 해 주기를 바란다."

"대왕대비마마, 무슨 청이신지요?"

인수대비가 무언가 두려운 얼굴로 물었다.

"만약 내가 세상을 떠나거든 나라에 공을 세운 일이 없으니 장례를 거창하게 하지 말아라. 그리고 수의도 무늬가 있는 화려한 비단을 쓰지 말고 그저 면포로 만들어 다오."

정희왕후는 담담하게 말했다. 세조도 유언을 남길 때에 무덤을 화려하게 꾸미지 말라고 단단히 일렀다. 정희왕후도 마찬가지였다. 다 벗어 버리고 빈손으로 가는 길, 그저 꾸밈없이 간소하게 가고 싶었다.

"어마마마, 어찌 그런 말씀을 하시옵니까? 당치 않사옵니다!"

"꾸준히 온천욕을 하면 곧 기력을 되찾으실 테니 부디 그런 말씀 마시옵소서."

인수대비와 인혜대비는 깜짝 놀라 엎드려 간청하였다.

"호호, 이 노인네가 언제 죽을지 알 수 없어 미리 말해 두는 것이니 너무 마음에 두지 말거라."

정희왕후는 빙그레 웃으며 두 며느리를 다독였다.

그 후 온양행궁에서의 생활은 평온하기 그지없었다. 가끔 뜨거운 물에 들어가 목욕을 하고, 별이와 마을 나들이를 하고, 차를 마시는 등 편안한 나날이었다.

그러던 1483년 3월 30일, 온 세상에 봄꽃이 흐드러지게 피어나는 화창한 봄날이었다. 한차례 온천욕을 즐긴 정희왕후는 차를 마시다가 문득 별이를 보며 물었다.

"별아, 그래, 요즈음은 남는 시간엔 무얼 하고 지내느냐?"

"마마, 요즘 글을 짓고 있나이다. 재미난 소설을 읽다 보니 저도 그걸 흉내 내어 이야기를 만들고 있사옵니다."

별이는 부끄러워하며 말했다.

"그래 장차 어떤 글을 쓰고 싶으냐?"

"저와 함께 지낸 궁녀들 이야기, 궁궐에서 벌어지는 재미난 일들을 쓰고 싶나이다. 요즘 광통교나 종루에 가면 세책점\*이 많다 하옵니다. 이다음에 제가 쓴 글도 책으로 만들어져 세책점을 찾는 많은

\* 세책점(貰册店) : 돈을 받고 책을 빌려주는 책방

사람들이 읽어 주었으면 하는 바람도 있나이다."

별이는 상상만으로도 기분이 좋았다.

"별아, 네가 조선의 뛰어난 문인들처럼 글을 짓고 싶다니 참으로 대견하구나. 언젠가 네가 쓴 글을 나도 읽어 보고 싶구나."

"대왕대비마마, 아직 혼자 끄적이는 정도이옵니다. 하오나 언젠가 대왕대비마마를 주인공으로 한 소설을 쓸까 하옵니다. 그, 그래도 되겠나이까?"

별이는 수줍은 듯 얼굴이 빨개진 채 물었다.

"오호호, 되고말고! 내가 네 작품 속의 주인공이 된다면 그보다 더 기쁜 일이 어디 있겠느냐?"

정희왕후는 생각만으로도 기뻤다. 자신의 이야기를 누군가가 남긴다면 어떻게 기록할지 궁금했다.

"별아, 고단하구나. 이제 누워서 좀 쉬어야겠구나."

정희왕후는 노곤한 몸을 이부자리 위에 뉘었다.

"제가 다리를 주물러 드릴게요."

별이는 조심스레 다가와 앙상하게 마른 정희왕후의 다리를 주무르기 시작하였다.

'별이가 장차 나에 대한 소설을 쓰면 어떻게 쓸 것인가…….'

정희왕후는 사가에서 지내던 어린 시절을 시작으로 진평대군의 아내가 되고, 한 번도 생각하지 않았던 왕비가 되고, 대비가 되고, 대왕대비가 되어 수렴청정을 하던 지난 66년의 세월을 하나하나 떠올렸다.

정희왕후는 옛일을 떠올리며 까무룩 깊은 잠 속으로 빠져들었다. 그때 저쪽에서 세조가 다가와 정희왕후에게 손을 내밀었다.

정희왕후는 세조가 내민 손을 잡고 꽃향기가 아슴아슴 피어오르는 봄날의 한가운데로 서서히 걸어갔다.

모처럼의 길고도 긴 달콤한 단잠이었다.

## 그때 그 사건

#계유정난

계유정난(癸酉靖難)은 1453년 계유년에 수양대군이 정권을 잡기 위해 단종을 지키려는 문종의 고명대신들을 제거한 사건이에요.

수양대군의 형이었던 문종은 세상을 떠나기 전에 김종서, 황보인 등 몇몇 신하들에게 자신의 뒤를 이어 왕위에 오를 어린 단종을 부탁했어요. 단종이 왕이 되자 고명대신들은 단종과 함께 나랏일을 보았지요.

고명대신들의 권력은 점점 강해졌어요. 단종이 중요한 결정을 할 때마다 고명대신들이 목소리를 내는 대로 이루어졌어요.

수양대군은 고명대신들이 정권을 마음대로 휘두르며 왕권을 위협한다고 생각했어요. 그래서 한명회, 홍윤성, 홍달손 등을 모아 세력을 키우며 고명대신들을 꺾을 기회를 엿보고 있었어요.

마침내 1453년 10월 10일, 수양대군은 김종서를 시작으로 다른 여러 고명대신을 제거하고, 그들과 모의해 왕위를 노렸다며 안평대군을 유배 보냈어요. 이날 수양대군이 거사를 치르러 나가는 것을 주저하자 정희왕후가 손수 지은 갑옷을 입혀 보냈다는 이야기가 널리 알려져 있지요.

계유정난 후 수양대군은 점점 왕위를 향한 야심을 숨기지 않았어요. 힘이 약해진 단종은 결국 1455년 윤6월 10일 수양대군에게 옥새를 넘기고 상왕 자리로 물러났어요. 그리고 수양대군이 왕위에 올라 세조가 되었지요.

이후 세조는 단종을 폐위시켜 노산군이 되게 하고 강원도로 유배를 보냈어요. 열두 살의 어린 나이에 왕이 되었던 단종은 불과 열일곱 살에 유배지에서 세상을 떠났어요.

인물 키워드

#수렴청정

　수렴청정(垂簾聽政)은 임금이 어린 나이에 왕이 되었을 때, 대왕대비나 대비 등 왕실의 가장 어른이 왕을 도와 나랏일을 돌보던 것을 말해요. '청정'은 나랏일에 관하여 신하가 아뢰는 말을 임금이 듣고 처리하는 것을, '수렴'은 드리운 발을 뜻하지요. 대비가 신하를 만날 때 그 앞에 발을 드리운 것에서 수렴청정이라는 말이 생겼어요.

정희왕후는 조선 최초로 수렴청정을 펼쳤어요. 아들 예종이 젊은 나이에 세상을 떠나자 정희왕후는 한명회 등 신하들과 의논해 의경세자의 둘째 아들 자을산군을 왕위에 올렸지요. 그리고 왕위에 오른 열세 살의 성종이 스무 살이 될 때까지 7년 동안 수렴청정을 했어요. 정희왕후는 성종과 함께 호패법을 없애고, 뽕나무 키우는 것을 권장하고, 내수사 장리소 수를 줄이는 등 중요한 나랏일을 해결했지요.

정희왕후의 수렴청정은 성종이 신하들에게 보고를 받고 정희왕후에게 보고하면, 정희왕후가 명령을 내리는 방식으로 이루어졌어요. 정희왕후가 직접 편전*에 나와 수렴을 치고 정치에 참여한 것은 아니었기 때문에 엄밀히 이야기하면 정희왕후의 수렴청정은 '수렴'청정은 아니었어요. 하지만 격식만 갖추어지지 않았을 뿐 대왕대비를 거쳐 정치가 이루어졌기 때문에 조선의 첫 수렴청정이라고 할 수 있어요.

* 편전(便殿) : 임금이 평상시에 기처하는 궁전

〈청정을 했던 여성들〉

| 시기 | 시호 | 관계 | 기간 |
|---|---|---|---|
| 성종 | 정희왕후 | 친할머니 | 1469년 11월~1476년 1월 |
| 명종 | 문정왕후 | 친어머니 | 1545년 7월~1553년 7월 |
| 선조 | 인순왕후 | 의붓어머니 | 1567년 7월~1568년 2월 |
| 순조 | 정순왕후 | 의붓증조할머니 | 1800년 7월~1803년 12월 |
| 헌종 | 순원왕후 | 친할머니 | 1834년 11월~1840년 12월 |
| 철종 | 순원왕후 | 의붓어머니 | 1849년 6월~1851년 12월 |
| 고종 | 신정왕후 | 의붓어머니 | 1863년 12월~1866년 2월 |

　현재 우리가 알고 있는 수렴청정의 제도적 바탕은 문정왕후가 수렴청정을 하던 명종 대에 갖춰졌어요. 명종은 편전에 수렴을 설치하고 대왕대비의 정치 참여를 공식화했어요. 이때의 규정을 바탕으로 순조 대에 '수렴청정절목'이 만들어져 수렴청정의 기준이 되었지요.

문정왕후는 수렴청정을 하며 막강한 권력을 휘둘렀어요. 유교 국가였던 조선에서 불교 부흥*에 힘썼으며, 사화*를 일으켜 자신의 반대 세력을 제거하고 지지 세력에게 벼슬을 주었지요. 그래서 문정왕후를 평가할 때는 조선의 질서를 흔들고 부정부패와 독재를 일삼은 악인, 남성 중심 사회에서 주눅 들지 않고 탁월한 전략을 펼쳤던 정치가라는 두 가지 시각으로 나뉘어요.

수렴청정과 반대인 대리청정도 있어요. 대리청정은 왕이 병이 들거나 나이가 들어 정사를 제대로 돌볼 수 없게 되었을 때 세자 등 후계자가 왕 대신 나랏일을 돌보는 것을 말하지요. 태종이 정종을 대신해 2년 동안 청정을 한 게 조선 시대 최초의 대리청정이에요.

- **시호(諡號)** : 왕과 왕비, 벼슬한 사람이나 학덕이 높은 선비들이 죽은 뒤에 그의 행적에 따라 국왕으로부터 받은 이름
- **부흥(復興)** : 쇠퇴하였던 것이 다시 일어나게 함.
- **사화(士禍)** : 조선 시대에, 조정에서 벼슬살이를 하고 있는 신하들 및 선비들이 정치적 반대파에게 몰려 참혹한 화를 입던 일

## 인물 그리고 현재

🔍 #봉선사 #국립_수목원 #묘법연화경 #예념미타도량참법

　1468년 세조가 세상을 떠나자 예종은 죽엽산 아래에 세조의 무덤을 만들고 이름을 광릉(사적 제197호)이라고 했어요. 그리고 운악산 자락에 봉선사라는 절을 지었어요. 원래 이 자리에는 969년 탄문이라는 승려가 지은 운악사라는 절이 있었어요. 그런데 광릉을 만들 때 정희왕후가 세조를 추모하고 능침을 보호하기 위해 운악사를 고쳐서 다시 짓고, 이름을 봉선사라고 했지요. 봉선사 입구에는 봉선사를 만들며 심은 느티나무가 서 있어요. 이 느티나무는 봉선사의 역사를 간직한 터줏대감으로 자리 잡았어요.

　1483년 세상을 떠난 정희왕후도 세조 옆에 잠들었어요. 광릉은 세조의 유언에 따라 간소하게 만들어졌는데, 덕분에 인력과 비용을 줄일 수 있었고, 후대 왕릉을 조성하는 데 모범이 되었지요. 광릉이 조성되며 주변의 숲이 능림으로 지정되었고, 광릉숲이 보존되어 현재까지 국립 수목원으로 이어졌어요.

◀ 봉선사 큰법당

▲ 국립 수목원

　조선이 유교 국가임에도 정희왕후가 봉선사를 세운 것에서 알 수 있듯이 정희왕후와 세조는 불교를 높이 평가했어요. 정희왕후는 《묘법연화경》, 《예념미타도량참법》 등의 불경도 펴냈어요. 세종, 소헌왕후, 의경세자, 세조, 예종, 공혜왕후 등 세상을 떠난 사람들의 명복을 빌고 극락왕생을 기원하는 의미였지요. 이때의 불경이 우리나라의 불교 사상을 세우는 데 영향을 주었어요. 현재도 조선 전기의 인쇄술과 불교문화를 연구할 때 중요하게 평가되는 자료로 남아 있어요.

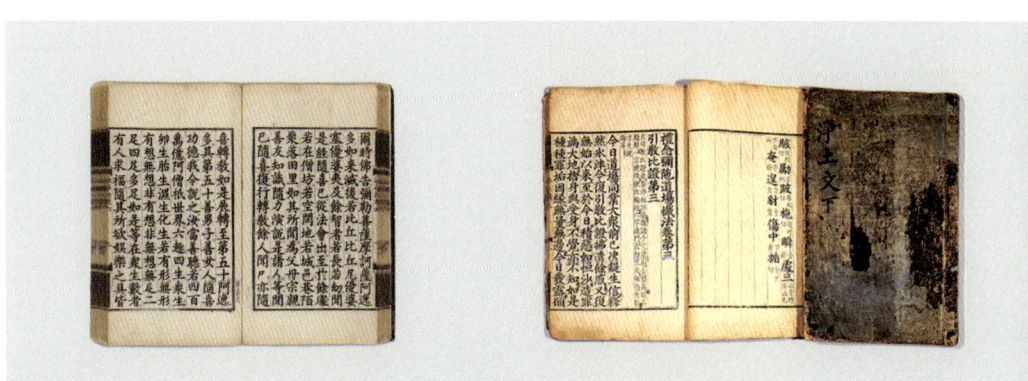

▲ (왼쪽) 《묘법연화경》 / (오른쪽) 《예념미타도량참법》

이미지 출처
p. 126. 봉선사 큰법당, 국가유산청(www.cha.go.kr)
p. 127. 국립 수목원, 한국문화정보원(www.kogl.or.kr)
p. 127. 《묘법연화경》, 국립중앙박물관(www.museum.go.kr)
p. 127. 《예념미타도량참법》, 국립중앙박물관

조선 최초의 수렴청정
# 정희왕후

초판 1쇄 펴낸날 2023년 1월 25일
초판 2쇄 펴낸날 2025년 12월 26일

글 이규희 | 그림 이로우
펴낸이 서경석
책임편집 김진영 | 편집 이봄이 | 디자인 권서영
마케팅 서기원 | 제작·관리 이문영
펴낸곳 청어람 엠앤비 | 출판등록 2009년 4월 8일(제313-2009-68호)
주소 서울특별시 구로구 디지털로 272 한신IT타워 404호 (08389)
전화 02)6956-0531 | 팩스 02)6956-0532
전자우편 juniorbook0@gmail.com
블로그 blog.naver.com/juniorbook
인스타그램 @chungeoram_junior

ISBN 979-11-86419-87-8 74810
     979-11-86419-86-1(세트)

ⓒ 이규희, 이로우, 청어람주니어 2023

※ 청어람주니어는 청어람 엠앤비(도서출판 청어람)의 아동·청소년 브랜드입니다.
※ 이 책의 내용 일부 또는 전부를 재사용하려면 반드시 저작권자와 청어람주니어 양측의 동의를 얻어야 합니다.